À droite, au Bosmelet,
retour du jardin.

LES RECETTES SECRÈTES DES JARDINIERS DE *Normandie*

BRIGITTE RACINE

PHOTOGRAPHIES
DIDIER BENAOUDA

ÉDITIONS OUEST-FRANCE

Normandie rime avec paradis, et l'image de celui-ci n'est-il pas un jardin qui dispense ses bienfaits pour l'éternité ? Oui mais voilà ! En cette belle Normandie, il n'existe pas un, mais des paradis. Cette terre, qui semble bénie des dieux, est si féconde, et son climat si doux, surtout l'hiver, que toutes les formes d'Eden y ont pris vie. Les créateurs et détenteurs des lieux sont ces personnages étranges, hommes ou femmes, que l'on nomme « jardiniers » et qui, dans leurs jardins, « cultivent » leur passion. Ces endroits, propices à nourrir le corps et l'esprit, reflètent bien toute la personnalité de leurs propriétaires. Ils sont tous des artistes à part entière. Des artistes peintres du goût. Leur palette c'est le sol, qu'ils travaillent et nourrissent. Leurs couleurs : les légumes semés, plantés puis cueillis au bon moment pour en garder la saveur et les bienfaits intacts. Leur œuvre : les petites carottes, mijotant en compagnie de l'oignon et du poireau, pour donner, enrobés d'une feuille de chou, cette tourte aux saveurs subtiles ; les fleurs de courgettes qui libéreront leur farce onctueuse ; les tomates cueillies avant maturité et transformées en une confiture aux parfums d'enfance et toutes ces recettes secrètes, jalousement conservées qu'ils ont bien voulu nous dévoiler.
Je tiens à les en remercier vivement.

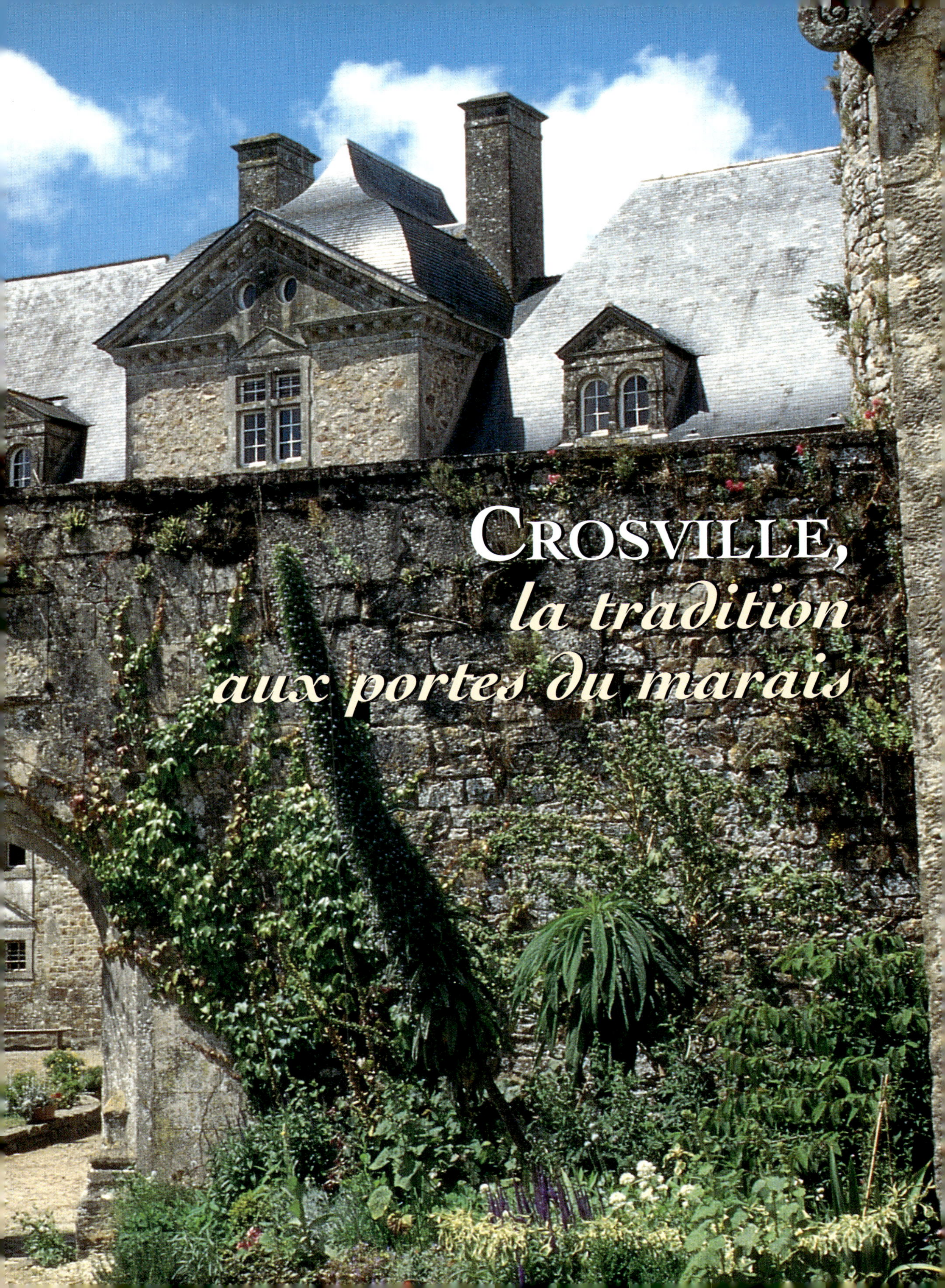

Crosville, *la tradition aux portes du marais*

Au sud de la presqu'île du Cotentin, aux portes du marais, le château de Crosville-sur-Douve revit, grâce à la passion de Michèle Lefol. En 1980, le château, dont la famille Lefol exploite la ferme, est mis en vente. Il est en très mauvais état, le donjon, la porterie datent du XVe siècle et le corps principal de 1630, mais il faut choisir entre partir ou acheter. Devant l'insistance de Michèle, les parents cèdent et s'endettent pour vingt ans, afin de réaliser le rêve de leur fille unique. Et la petite fille se transforme en princesse et réussit à sauver de la ruine le terrain de jeu de son enfance. Toitures, sols, plafonds, escaliers et dépendances sont remis en état. Les peintures des plafonds, qui datent de la fin du XVIIe, et la monumentale cheminée de la salle d'apparat sont restaurées. Les autres pièces du château reprennent vie peu à peu et deviennent le lieu de nombreuses manifestations et expositions.
Mais Crosville a gardé sa vocation agricole et l'exploitation se poursuit.
Malgré toutes ces charges, Michèle Lefol, aidée de sa maman, tient à consacrer du temps au potager de son enfance. Il est l'inspirateur des mets servis lors des soirées normandes qu'elle organise durant l'été. Les recettes du terroir sont alors à l'honneur, des chanteurs et des conteurs y racontent le Cotentin et ses marais.
C'est dans cet esprit qu'elle a demandé aux membres de son équipe de nous confier quelques-unes de leurs recettes de famille.

La façade principale du château de Crosville. À gauche, le donjon et la porterie sont du XVe siècle. La façade, elle, date de 1630.

ARTICHAUTS *vinaigrette*

• Cueillir des artichauts assez avancés. Les laver soigneusement à l'eau vinaigrée et les placer dans 1 grand volume d'eau froide salée. Faire bouillir environ 1 h. L'artichaut est cuit si les feuilles se détachent facilement. Égoutter.

• Préparer la vinaigrette avec huile, sel, poivre et vinaigre de cidre puis ajouter des échalotes finement hachées.

• Déguster avec du pain de campagne et du beurre.

• Les artichauts peuvent aussi se servir avec une sauce à la crème. Dans ce cas, faire chauffer la crème fraîche avec éventuellement une 1 cuil. de moutarde, du sel, du poivre, et ajouter avant de servir de la ciboulette ciselée.

Pour qu'un artichaut soit bien tendre, il faut que le bout de ses feuilles soit carré.

Les artichauts prêts à être dégustés dans la grande salle du château de Crosville.

POTAGE *de chou-fleur au lait*

Paule soigne sa ligne aussi bien que son jardin, qui est ravissant. Son potage, tout simple à faire, est délicieux et très léger.

• Faire cuire le chou-fleur en bouquets à la vapeur. Une fois cuit, le passer au moulin à légumes ou au mixer. Ajouter le lait chaud, sel, poivre et un soupçon de noix de muscade. Et c'est tout.
• Pour faire une soupe plus riche et plus nourrissante, ajouter quelques pommes de terre, du beurre ou de la crème et saupoudrer d'un hachis de persil et de ciboulette du jardin.

LES PETITS POIS *du jardin*

• 1 à 2 h avant le repas pas plus, cueillir les petits pois et une laitue, écosser les petits pois dans la maison pas au soleil. Il ne faut surtout pas qu'ils se déshydratent.
• Mettre dans une cocotte un morceau de beurre, laisser chauffer, mettre la moitié des feuilles de salade assez mouillées, les petits pois, les cives puis le reste des feuilles de salade, sel, poivre et 1 morceau de sucre.
• Ajouter vite le couvercle (ne pas le soulever en cours de cuisson) et laisser cuire 5 à 10 min au plus.
Les convives peuvent attendre, pas les pois. Servir aussitôt ; ils restent vert vif et leur goût est celui des potages des contes de fées !

CAROTTES *en asperges*

Un beau jour du tout début de l'été, Tante Irma achète des asperges au marché pour nous régaler. Mais, vers 11 h, deux invités de plus s'ajoutent aux couverts prévus ! Cool, cette tante qui ne s'affole jamais.

• Quelques jeunes carottes arrachées au jardin, pochées entières puis coupées en deux en long, ont suppléé au nombre insuffisant des asperges. Le tout servi avec une demi-mayonnaise (blanc, jaune et cuillère d'eau bouillante), saupoudrée de quelques feuilles d'estragon haché.
Depuis longtemps, les « carottes en asperges » font partie du répertoire culinaire de la famille; servies avec un rôti froid ou un poisson poché, c'est délicieux !

POMMES DE TERRE *à la matelote*

• Éplucher les pommes de terre et les couper en rondelles assez épaisses. Les placer dans une casserole à fond épais. Ajouter des échalotes coupées fin à volonté et beaucoup de persil frais cueilli du jardin.
• Couvrir le tout avec de l'eau. Mettre le couvercle et faire bouillir à feu assez fort pendant une bonne demi-heure puis retirer le couvercle pour faire réduire la sauce, saler, poivrer.
Réchauffé, c'est encore meilleur !

BROCOLIS *en deux temps*

Comment faire pour avoir des tiges tendres et des têtes bien vertes et cuites à point ?

• Séparer les tiges des fleurs, mettre de côté ces dernières dans de l'eau bien froide.
• Couper les tiges en bâtonnets de quelques centimètres de long et 1 à 2 cm de diamètre.
• Préparer une casserole d'eau bouillante salée avec son couvercle, y glisser les tiges, refermer vite le couvercle et laisser faire 2 à 3 tours de bouillon.
• Égoutter les fleurs préparées en petits bouquets gros comme des balles de ping-pong, les glisser dans la casserole où l'eau bout vigoureusement, couvrir de nouveau très vite. Laisser cuire 5 à 7 min. Égoutter les brocolis.
• À manger chaud avec de la crème fraîche ou avec de l'huile d'olive et un filet de jus de citron, ou froid avec des poivrons rouges grillés et pelés, des avocats en cube et une vinaigrette.
Le secret de la couleur verte et de la cuisson à point est dans la température la plus élevée possible lors de la cuisson.

À droite, les pommes de terre à la matelote de Michèle Lefol.

ENDIVES *à la Jules*

Idéal pour les dimanches soir de l'hiver. Elles se préparent à l'avance, mijotent aussi longtemps qu'on le veut ; on les mange quand on est prêts, quand on en a envie.

- Mettre dans une cocotte ou casserole avec couvercle et à fond épais un peu de beurre ou d'huile ou encore un peu des deux.

Ci-contre, les endives seront forcées, à l'automne, pour donner ces petites endives bien blanches, que l'on préparera en salade, ou cuisinées avec des pommes de terre, comme dans la recette ci-contre.

- Ajouter tête-bêche des petites endives courtes, dodues, pointues ou même des plus grosses fendues en deux en longueur et coupées en tronçons. Elles doivent bien couvrir le fond de la casserole.
- Ajouter ensuite des pommes de terre épluchées, coupées en tranches de 1 à 2 cm d'épaisseur et rincées à l'eau chaude (cela ôte le goût d'amidon). Vous pouvez mettre une couche épaisse pour gros mangeurs ou très peu mais l'important est de cacher complètement les endives pour que ces dernières cuisent dans leur propre vapeur.
- Du sel, du poivre et, à volonté, 1 gousse d'ail glissée en lamelles sur les parois de la casserole, le tout couvert de gruyère en lamelles aussi.
- Ajouter 1 cuil. d'eau, bien fermer le couvercle, mettre sur feu très doux et allez vous promener 1 h à 1 h 30. N'ouvrir qu'au moment de servir.

TOURTE *du Mérite agricole*

Une médaille, ça se fête. Celle du Mérite agricole, avec des poireaux bien sûr au gratin avec béchamel au fromage, en vinaigrette avec plein d'œufs durs hachés, persil et échalotes. Mais Geneviève a fait mieux avec sa tourte.

• Prendre 1 kg de poireaux coupés en petites rondelles, revenus doucement à la poêle dans un mélange beurre huile, du sel et du sucre en quantités égales. Faire bouillir de temps en temps pour que l'eau s'évapore. Quand les poireaux sont secs, qu'il n'y a plus de jus dans la poêle, mettre de côté, laisser refroidir, du moins un peu.
• Préparer une pâte brisée assez grande pour le dessous et une plus petite pour le dessus. Mélanger deux œufs battus avec 3 cuil. de crème fraîche. Y incorporer les poireaux. Dans un moule à tarte à fond amovible, cocher le grand rond de pâte brisée. Les bords doivent bien remonter. Y verser le mélange poireaux-œufs-crème, cocher dessus le petit rond de pâte, faire des trous pour aérer. Cuire 45 min. Servir tiède ou froide.

LÉGUMES AU FOUR *de Caroline*

• Préparer des légumes racines : céleri-rave, navets, carottes, pommes de terre, tous coupés en morceaux d'environ 2 cm au carré.
• Couvrir avec des tranches de poivrons rouges ou verts, un peu d'ail, saler, poivrer et ajouter un filet d'huile d'olive. Recouvrir d'une feuille d'aluminium, qui descend à l'intérieur du plat pour bien border les légumes. Glisser le plat au four pendant 1 à 2 h.
Les légumes cuisent dans leur propre vapeur. Exquis !
Vous pouvez également mettre au fond une bonne couche de poireaux coupés fin et alterner les légumes avec un peu de fromage râpé.

POMMES DE TERRE *Ursula*

• Éplucher et couper en morceaux gros comme le quart d'un citron des pommes de terre charlotte de préférence. Les faire cuire à l'eau salée, égoutter et mettre de côté. Cette cuisson peut se faire plusieurs heures à l'avance.
• Une heure avant de vous mettre à table, prendre une sauteuse à fond épais ou une cocotte en fonte, y verser de l'huile (tournesol ou arachide) pour couvrir le fond. Faire chauffer, mettre les pommes de terre de préférence sans qu'elles se touchent, couvrir, baisser le feu et laisser cuire au moins 10 min avant d'y toucher ou de secouer. Ensuite, vous pouvez tourner les tubercules de temps en temps. Une croûte se forme progressivement tout autour et l'huile n'est pas absorbée. Vers la fin, laisser le couvercle un peu entrouvert pour que la vapeur s'échappe.
Servir comme le faisait ma mère, Ursula, avec le rôti du dimanche.

CÉLERI-RAVE BRAISÉ *à ma façon*

Un appel téléphonique au mauvais moment a vu brûler plus d'un plat mais, cette fois-ci, le feu était très bas et le résultat était des plus heureux.

• Un céleri-rave coupé en morceaux gros comme une grosse bouchée. Dans une casserole à fond épais, mettre moitié beurre, moitié huile et les morceaux de céleri, sel, poivre, une pincée de sucre, le tout à petit feu. Mettre le couvercle et répondre au téléphone.
• Même trois quarts d'heure de bavardage ! Cuit, tendre, un peu caramélisé, idéal sauf pour ceux qui souffrent d'aérophagie !

Les fèves que Monsieur Leduc fait pousser dans son jardin.

LA RÂPÉE DE POMMES DE TERRE *de Lola*

• Choisir les pommes de terre, les éplucher et les râper sur la râpe à fromage. Sans perdre de temps de peur de voir cette chair noircir, y ajouter sel, poivre, un œuf battu et une grosse poignée de persil haché. Bien mélanger.
• Dans une grande poêle, mettre moitié huile, moitié beurre. Dès que le beurre est fondu, y verser la râpée. Couvrir et laisser cuire doucement un bon quart d'heure en tassant un peu de temps en temps. Puis, si vous êtes experte, confiante et que la râpée n'est pas trop lourde, la retourner en la faisant sauter comme une crêpe. Si vous êtes prudente et peu téméraire, glisser la râpée sur une grande assiette plate, poser la poêle dessus à l'envers et retourner le tout. Enfin la râpée retournée dans la poêle, continuer la cuisson sans couvercle encore 10 min.
Servir avec une bonne salade frisée à l'ail. C'est un repas complet.

LES FÈVES *au beurre*

• Écosser les fèves juste après leur cueillette.
• Les ébouillanter, enlever la deuxième peau et les faire cuire à l'eau bouillante salée avec 1 oignon revenu dans un peu de beurre, du thym, du laurier. Laisser cuire jusqu'à ce qu'elles soient tendres. Égoutter et servir avec une noix de beurre.
Les fèves sont délicieuses avec de l'agneau.

LES FÈVES *au gros sel*

• Écosser les fèves que vous aurez cueillies toutes jeunes.
• Enlever délicatement la deuxième peau.
• Faire griller du pain de campagne et le tartiner de beurre salé. Servir les fèves avec le pain beurré et du gros sel.

En haut, les fèves prêtes à être dégustées avec du pain grillé et, ci-contre, les fèves au beurre.

LES CHAMPIGNONS *de Jeanne*

Jeanne est passionnée par les champignons. Interrogée quant à l'intérêt qu'elle porte à la science des champignons, elle répond : « Mycologue ? Non, pas vraiment, je serais plutôt mycophage. »

Elle enchaîne : « J'ai pris une cocotte en fonte, frotté les parois avec une gousse d'ail puis placé, en couches successives et répétées, pommes de terre en tranches, champignons, fromage et beurre. Un petit peu de sel, du poivre et au four pendant 1 h 30.
Mon mari et moi nous nous sommes régalés. Mais le lendemain, comme il en restait, je l'ai fait réchauffer et... c'était encore meilleur ! »

Les délices de Crosville. Ci-dessous, la tarte à la rhubarbe et, à droite, la confiture de tomates vertes.

CONFITURE DE TOMATES VERTES *de Josiane*

3 kg de tomates vertes
1,8 kg de sucre
3 citrons

• Couper les tomates en rondelles, mettre une couche de tomates, une couche de sucre dans un faitout, laisser macérer 24 h. Faire cuire 1 h à feu doux. Ajouter les citrons coupés en fines lamelles et cuire à nouveau 1 h. Les citrons doivent être confits. Mettre en pots et couvrir.
Sur une pâte brisée, cela fait une excellente tarte. C'est un moyen pour utiliser les tomates qui ne vont pas mûrir.

TARTE À LA RHUBARBE *de Crosville*

Bâtons de rhubarbe
Cassonade
Crème fraîche
FAIRE UNE PÂTE SABLÉE AVEC :
250 g de farine
75 g de sucre glace
1 œuf
100 g de beurre

• Étaler la pâte puis saupoudrer avec de la cassonade (assez généreusement). Couper des morceaux de rhubarbe de 1 cm de longueur ; il faut en mettre beaucoup, car cela réduit à la cuisson. Saupoudrer de nouveau avec de la cassonade et parsemer avec des noisettes de beurre. Mettre au four 35 min.
• Servir tiède avec de la crème.

Au bord de LA SAÂNE

Au bord de la Saâne, à quelques kilomètres de la mer, Frédéric Marchand cultive le jardin de son enfance. Il n'envisage pas de vivre sans sa terre, même s'il réside en ville ; toutes les semaines, il vient s'occuper du potager, y fait ses provisions de légumes tout frais cueillis qu'il cuisine avec gourmandise.

La Saâne sépare le jardin en deux. Devant la maison familiale, c'est un jardin d'agrément fleuri et engazonné qui descend en pente douce jusqu'à la rivière, dont le murmure continu nous enchante. Sur l'autre rive, après avoir traversé le petit pont de bois, le potager où Frédric fait pousser tout ce qu'il aime : les courgettes, les poivrons et les aubergines pour la ratatouille, les salades, les blettes pour les gratins, les choux, betteraves, endives, carottes, haricots verts ou beurre qu'il sert avec un peu d'ail, les oignons rouges que l'on peut confire dans le vinaigre ou servir crus avec une salade.

Il est particulièrement fier de sa récolte de pommes de terre bleues de la Manche qui, autrefois, étaient consommées en purée ou en salade par certains et données aux cochons par d'autres. Mais Frédéric avait gardé en mémoire le savoureux goût de cette « pomme de terre précieuse » à la couleur d'améthyste, que lui cuisinait Marie-Rose, sa maman.

Un coin du potager est réservé aux fruits rouges, groseilles, framboises, cassis. Marie-Rose les transforme en délicieuses gelées. Elle nous en a confié les recettes. Tout pot entamé est fini sur-le-champ ! Quant à lui, il se réserve les coings, si odorants dans le jardin et dont la gelée a une couleur et une saveur inoubliables.

Page de gauche, les pommes de terre bleues de la Manche. En haut, une vue du jardin.

CÔTES DE BLETTES *au gratin*

POUR 6 PERSONNES :
1 kg de côtes de blettes
4 tomates
1 jus de citron

• Éplucher les blettes. Garder les feuilles pour un autre usage. Enlever les fils et couper les tiges en tronçons de 4 à 5 cm de long. Plonger aussitôt les blettes dans l'eau froide additionnée d'un jus de citron, pour éviter qu'elles s'oxydent puis les faire cuire 15 à 20 min dans de l'eau bouillante additionnée de 3 cuil. de farine. Égoutter soigneusement.

• Pendant ce temps, plonger les tomates 1 min dans l'eau bouillante, les éplucher et les épépiner. Faire blondir un oignon émincé dans l'huile d'olive puis ajouter les tomates coupées en morceaux, l'ail, le thym, le laurier, le sel, le poivre. Laisser mijoter pendant une vingtaine de minutes. Ajouter alors les blettes et poursuivre la cuisson pendant une dizaine de minutes.

• Verser l'ensemble dans un plat à four beurré, parsemer de fromage râpé et faire dorer 10 min environ.

En haut, artichauts, blettes et haricots verts. Ci-dessous, Frédéric cueille les carottes pour le dîner.

CÔTES DE BLETTES *à la crème*

• Éplucher les blettes. Couper les côtes en tronçons et faire cuire doucement dans une noix de beurre pendant 10 min.

• Les recouvrir ensuite de crème fraîche et poursuivre la cuisson pendant 10 min encore. Servir bien chaud, parsemé de cerfeuil ciselé.

COURGETTES *farcies*

• Ébouillanter les courgettes entières. Les couper en deux et creuser le centre en récupérant la chair.

• Préparer une farce. Mélanger un reste de viande cuite et hachée, la chair des courgettes mixée et un peu de coulis de tomate. Assaisonner.

• Remplir les courgettes avec le mélange. Cuire à four chaud 30 min environ (le temps de cuisson varie en fonction de la taille des courgettes).

GRATIN *de courgettes*

POUR 4 PERSONNES
3 ou 4 courgettes
2 œufs
25 cl de lait
50 g de gruyère râpé
250 g de crème fraîche

• Faire cuire les courgettes à la vapeur. Quand elles sont tout juste tendres les égoutter soigneusement. Beurrer un plat allant au four et y déposer les courgettes.

• Mélanger la crème, le lait, les œufs entiers et le comté. Saler, poivrer. Verser cette préparation sur les courgettes et enfourner pour 25 min environ.

Vous pouvez aussi préparer des gratins individuels, dans ce cas, réduisez le temps de cuisson.

COMPOTE *de rhubarbe d'Alice*

• Laver, éplucher et couper la rhubarbe en morceaux. Faire bouillir de l'eau. La jeter bien bouillante sur la rhubarbe juste pour la couvrir. Porter à ébullition.
• Égoutter en laissant un peu d'eau. Ajouter du sucre à votre goût. Laisser cuire 35 min à 1 h. Si la compote devient trop épaisse, ajouter un peu de l'eau de cuisson réservée.
• Déguster froid.

MIRABELLES *et glace à la vanille*

• Prendre des mirabelles bien mûres. Les laver et les sécher. Les faire rissoler dans une poêle antiadhésive en ajoutant une petite noix de beurre salé jusqu'à ce qu'elles commencent à caraméliser (ne pas ajouter de sucre, c'est le sucre des fruits qui fera le caramel).
Servir les mirabelles dès qu'elles sont cuites avec une boule de glace à la vanille.

GELÉE *de groseille*

1,5 kg de groseilles
800 g de sucre cristallisé
1/2 l d'eau

• Laver les fruits. Ôter les tiges et les mettre dans une marmite avec l'eau. Faire cuire à petit bouillonnement pendant 8 à 10 min.
• Égoutter les fruits et les presser dans un torchon (voir recette de la gelée de coing). Mélanger le jus obtenu avec le sucre et verser dans la marmite à confiture.
• Faire cuire à feu assez vif, en écumant si nécessaire, jusqu'à ce que la gelée enrobe la spatule en bois. À ce moment-là, arrêter le feu et tourner avec une spatule pendant 15 min.
• Filtrer et mettre en pots.

Groseilles et coings.

GELÉE *de cassis*

1,250 kg de grains de cassis
Sucre cristallisé
1/2 l d'eau

• Procéder comme pour la gelée de groseille.
• Les quantités de sucre diffèrent, il faut prévoir 1,250 kg de sucre pour 1 kg de jus de fruits.

GELÉE *de framboise*

• Prendre un extracteur à vapeur. Mettre de l'eau au fond et les fruits à l'étage du dessus. Faire chauffer, le jus s'écoulera par le tuyau du côté, placer un récipient pour le récupérer.
• Une fois le jus écoulé, le peser et ajouter le même poids de sucre. Porter à ébullition et laisser cuire à petit bouillonnement en écumant, si nécessaire, pendant une dizaine de minutes sans cesser de remuer. Lorsque la gelée est cuite, arrêter le feu et continuer à tourner pendant 15 min. Mettre en pots.

GELÉE *de coing*

• Frotter les fruits dans un linge propre afin d'enlever le duvet qui les recouvre. Les couper en quatre. Garder les pépins dans une mousseline. Déposer les quartiers et la mousseline dans une cocotte, couvrir d'eau et laisser cuire jusqu'à ce que les coings soient tendres (30 à 45 min).

• Poser un tamis recouvert d'un torchon sur un récipient. Y verser les coings et leur jus de cuisson. Laisser d'abord égoutter puis presser la pulpe avec le torchon en l'enroulant fortement. Renouveler l'opération si vous avez beaucoup de fruits (garder la pulpe pour faire des pâtes de coing).

• Peser le liquide obtenu et ajouter le même poids de sucre dans la marmite à confiture. Remuer et porter à ébullition puis baisser le feu afin de maintenir un petit bouillonnement. Faire cuire pendant 15 à 25 min jusqu'à ce que le mélange épaississe et qu'une goutte versée sur une assiette froide se fige. Arrêter le feu et tourner avec une spatule pendant 15 min. Filtrer et mettre dans des pots stérilisés.

PÂTE *de coing*

• Récupérer la pulpe des coings ayant servi à fabriquer la gelée et la réduire en purée en la passant dans un moulin à légumes.

• Peser et ajouter les trois quarts de son poids en sucre. Faire cuire dans une marmite pendant une dizaine de minutes afin de bien faire fondre le sucre puis étaler le mélange sur une plaque à pâtisserie et mettre à four très doux pendant une nuit. Il faut que la pâte soit bien sèche.

• La couper alors en cubes et la faire rouler dans du sucre cristallisé. Conserver dans une boîte hermétique.

Madame Ratier, *la passion des aromates*

À l'orée de la forêt de Saint-Martin-de-Boscherville, non loin de l'abbatiale Saint-Georges, la ferme des Templiers, dont l'origine remonte à 1214, fut transformée en ferme en 1500. Madame Ratier nous accueille dans son jardin, où elle fait pousser essentiellement des plantes anciennes : légumes, plantes aromatiques ou médicinales, dont elle raconte l'histoire et les vertus. À l'occasion de l'exposition vente qu'elle organise tous les ans, le week-end de la Pentecôte, elle

invite les visiteurs à assister aux conférences données sur les plantes et les légumes de notre région. Madame Ratier cuisine selon son jardin et selon les saisons. Passionnée par les herbes et les aromates, elle n'a qu'un pas à faire pour aller de la cuisine au jardin. Elle y cueille le fenouil, qu'elle fait sécher et dont les grandes tiges font un lit odorant sous les filets de dorade, l'estragon et le genièvre dont elle tire un vinaigre qui parfume poissons et poulet, l'angélique, délicieuse avec le saumon mariné, lui sert aussi à réaliser une liqueur digestive. Les fleurs de bourrache, au goût iodé, décorent les plats à base de fruits de mer. Les fruits des physalis, ces petits lampions rouges, sont utilisés pour la pâtisserie. Quant au safran, dont elle récolte 2 à 3 grammes les bonnes années, il parfume le risotto. Contre la fatigue elle prépare une infusion de sauge, à laquelle elle ajoute un jaune d'œuf et un filet d'huile d'olive. La verveine parfume les légumes. Ciselée dans une mayonnaise allégée elle se marie à merveille avec le saumon ou le veau. Mais ce qui relève tous ses plats, c'est le « poivre », dont elle nous confie la recette.

Double page précédente, les flans d'artichauts, de céleri et de carottes. En haut, les fleurs de bourrache.

LE « POIVRE » *de Madame Ratier*

Madame Ratier n'utilise jamais de poivre seul, tous ses plats sont assaisonnés avec ce « poivre » maison.

• Prendre en quantités égales du poivre blanc, du poivre noir, des baies de genièvre et des graines de coriandre. Ajouter un tout petit morceau de muscade et un petit morceau de clou de girofle. Piler l'ensemble pour obtenir des grains fins et se servir de ce mélange pour relever tous les plats.

LES CAROTTES *au beurre*

• Éplucher ou gratter les carottes. Les couper au robot en fines lamelles (comme des chips) et faire cuire dans une sauteuse, avec une noix de beurre fondu. Ajouter un peu de cannelle ou de muscade. Saler et « poivrer ». Servir chaud.

TARTE *au persil*

POUR 4 PERSONNES :
Pâte feuilletée
2 œufs
250 g de crème fraîche
Amandes effilées
1 bouquet de persil haché gros
Sel, « poivre »

• Préparer une abaisse de pâte feuilletée. Préchauffer votre four à 200 °C. Étaler la pâte dans votre moule, couvrir d'une feuille d'aluminium et remplir de haricots secs. Faire cuire à blanc pendant 15 min environ.
• Préparer la garniture de la tarte. Pour cela, mélanger les œufs, la crème fraîche, le persil, le sel et le « poivre ». Recouvrir la pâte précuite de cette préparation et enfourner pour 15 min environ.
• Parsemer alors votre tarte avec les amandes effilées et poursuivre la cuisson pendant 10 min. Cette tarte est délicieuse chaude ou froide.

PETITS CHÈVRES *aux aromates*

• Prendre des petits chèvres très frais. Les façonner à votre goût en boules, en bûchettes… et les faire rouler dans l'aromate de votre choix : sel de céleri, paprika, poivre noir concassé, ciboulette finement ciselée… Les mettre au frais et servir avec de grandes tranches de pain de campagne grillé.

Ci-dessus, l'estragon avec lequel Madame Ratier prépare le vinaigre. En bas, la maison de pierres blanches, vue du jardin.

FONDS *d'artichauts sautés*

Prendre des fonds d'artichauts frais si vous en avez sinon utiliser des fonds en boîte s'ils sont bien tendres.

• Arroser les fonds d'artichauts d'un jus de citron et les faire revenir en les tournant doucement dans l'huile d'olive pendant 5 min environ.

• Ajouter une gousse d'ail râpé à l'aide d'une fourchette. Pour cela, tenir fermement la fourchette pointes en l'air, d'une main et, de l'autre frotter l'ail contre les pointes de la fourchette. Cette méthode préserve totalement le goût de l'ail.

• Lorsque les artichauts sont chauds, arrêter le feu et arroser d'un jus de citron et d'un filet d'huile d'olive.

CAVIAR *d'aubergines*

3 aubergines de taille moyenne
1 oignon
Mie de pain complet
15 cl d'huile d'olive
Jus de 1/2 citron
1 gousse d'ail
Sel, « poivre »

• Couper en deux les aubergines dans le sens de la longueur.

• Éplucher un oignon. Déposer l'ensemble dans le panier vapeur de votre Cocotte-Minute et faire cuire pendant 10 à 15 min. Laisser égoutter.

• Prélever la pulpe des aubergines, la mettre dans le bol du mixer avec l'oignon, le pain, l'ail, le sel, le « poivre ». Mixer et ajouter progressivement l'huile d'olive puis le jus de citron.

• Rectifier l'assaisonnement et garder au frais, au moins une journée, avant de déguster avec du pain grillé.

ANGUILLES *au vert*

POUR 4 PERSONNES :
1 kg d'anguilles pelées et coupées en tronçons
2 oignons coupés en morceaux
3 poireaux en tronçons
Persil, cerfeuil
Feuilles de salade de radis et d'oseille
1 petite branche de thym
1 feuille de laurier
20 cl de vin blanc
20 cl de fumet de poisson
Sel, « poivre »
50 g de beurre
Huile d'arachide

Madame Ratier épluche un oignon rocambole, ces tout petits oignons au goût très prononcé.

• Faire revenir les tronçons d'anguille dans l'huile. Ajouter dans la cocotte un oignon, le thym, le laurier, le vin blanc et le fumet de poisson. Saler, « poivrer ».

• Laisser cuire 20 à 25 min et réserver au chaud.

• Pendant ce temps préparer la verdure. Dans une sauteuse, mettre un bon morceau de beurre et y faire fondre pendant 5 à 6 min les poireaux et un oignon. Ajouter alors le persil et le cerfeuil coupés grossièrement, les feuilles de salade, de radis et d'oseille.

• Saler, « poivrer » et poursuivre la cuisson environ 10 min. Lier avec la crème fraîche et mettre les tronçons d'anguille réservés dans la sauteuse. Laisser mijoter pendant une dizaine de minutes.

• Servir bien chaud.

FLANS DE CÉLERI *au cerfeuil*

Ces flans, délicieux et très simples à réaliser, peuvent être déclinés avec toutes sortes de légumes et d'aromates.

POUR 4 PERSONNES :
1 boule de céleri
3 œufs
10 cl de lait
25 cl de crème fleurette
30 g de parmesan
Sel, « poivre »
Cerfeuil ciselé

• Éplucher le céleri, le couper en cubes et le faire cuire à l'eau bouillante salée. Lorsqu'il est tendre, égoutter. Mettre les morceaux dans le bol du mixer avec tous les ingrédients.
• Bien mélanger l'ensemble et verser la préparation dans des moules individuels largement beurrés.
• Poser les moules dans un bain-marie et cuire à four 180 °C pendant 20 min.
• Lorsque les flans sont cuits, démouler et servir tièdes.

FLANS *d'artichauts*

POUR 4 PERSONNES :
3 beaux fonds d'artichauts
ou 5 à 6 petits
25 cl de crème fleurette
3 œufs entiers
Sel, « poivre », muscade râpée

• Prendre des fonds d'artichauts cuits préalablement. Les couper en morceaux et procéder comme pour les flans de céleri. Servir avec un coulis de tomate et de la coriandre ciselée.

Vue du potager et du jardin aromatique.

HARICOTS
COCO

CHEZ POUPY,
le bio est roi

À Saint-Denis-sur-Sarthon à l'ouest d'Alençon, Madame Thomine Desmazures, que tous ses amis appellent Poupy, déborde d'énergie. Sa devise en matière de nourriture, « nous devenons ce que nous mangeons », paraît simple mais n'est pas toujours très facile à appliquer. Elle s'emploie donc à cultiver son grand jardin, clos de murs de pierre, de manière totalement naturelle et à cuisiner tout aussi naturellement en n'utilisant que des produits issus de l'agriculture biologique. Extrêmement gourmande, elle affectionne le potage au potiron, dans lequel elle ajoute un jus de citron, la soupe aux orties, dont elle garde un souvenir inoubliable mais qu'elle conseille de servir au déjeuner lorsqu'il fait bien froid. En effet, l'ortie est une véritable source de vitamine C (jusqu'à 100 mg pour 100 g d'orties), riche en calcium, potassium, fer, phosphore et magnésium ; elle est extrêmement stimulante. Servie lors d'un dîner entre amis, elle fut à l'origine de fous rires inextinguibles et d'une nuit très mouvementée. Ce qui nous a été confirmé par beaucoup de jardiniers. Ce qu'elle préfère dans son jardin, elle ne l'a pas planté. C'est une plante sauvage qu'elle y trouve en abondance : le chénopode. Il fait partie de la famille des épinards. Toutes les recettes d'épinards peuvent s'appliquer aux chénopodes, dont la saveur est plus fine, et qui ne contient pas d'acide oxalique. Pour Poupy c'est un bienfait de la nature qu'elle veille à ne pas détruire.

À l'entrée du Domaine de la Touche Poupy a restauré de magnifiques bâtiments du XVIIIe siècle qu'elle met à disposition pour vos réceptions.

À gauche, retour de cueillette, les chénopodes dans la cuisine.

SALADE MELON, *mozzarella, basilic*

INGRÉDIENTS
1 salade romaine
1 melon
Mozzarella
1 bouquet de basilic

POUR LA VINAIGRETTE :
3 cuil. à soupe d'huile d'olive
1 cuil. à soupe de vinaigre de cidre
1 grosse cuil. à soupe de levure de bière
Sel, poivre

• Cueillir une belle salade romaine ainsi qu'un petit bouquet de basilic. Les laver.
• Éplucher et essorer la salade. La disposer dans le plat de service avec des billes de melon et de mozzarella, et les feuilles de basilic finement ciselées.
• La réussite de cette recette tient, bien sûr, à la fraîcheur et au parfum des différents composants mais aussi à la vinaigrette.
• Mélanger 3 cuil. à soupe d'huile d'olive, 1 cuil. à soupe de vinaigre de cidre, du sel, du poivre et 1 bonne cuil. à soupe de levure de bière. Bien émulsionner l'ensemble et verser sur la salade au moment de servir.

SALADE *panée*

Cette recette permet d'utiliser les salades montées. Elle est délicieuse avec de la laitue dont les feuilles sont très tendres.

POUR 4 PERSONNES
4 laitues
200 g d'échalotes
1 bouquet de persil
2 gousses d'ail
1 œuf battu en omelette
Chapelure
50 g de beurre

• Éplucher et laver la salade.
• Blanchir les feuilles dans l'eau bouillante salée pendant 3 min.
• Pendant ce temps, hacher une bonne quantité d'échalotes et de persil.
• Lorsque la salade est cuite, égoutter à fond en la pressant avec les mains. Hacher, ensuite, les feuilles et les faire revenir dans une sauteuse avec les échalotes, le persil et l'ail.

Saler si nécessaire, poivrer. Le mélange doit être bien relevé.

• Préparer des petites galettes avec le mélange et les passer dans l'œuf puis dans la chapelure pour les paner. Faire rissoler dans la poêle avec un bon morceau de beurre jusqu'à ce qu'elles soient croustillantes. Servir bien chaud.

Ces galettes de salade sont délicieuses avec un chèvre chaud.

Vous pouvez aussi préparer les salades plus simplement, en ajoutant une cuillère de crème fraîche ou quelques lardons au mélange salade échalotes. Dans ce cas, vous les servirez avec de la viande blanche.

SALADES *sauce béchamel*

• Procéder comme précédemment pour préparer les salades.

• Réaliser une sauce béchamel. Pour cela, faire fondre 30 g de beurre dans une casserole à fond épais. Ajouter 2 cuil. à soupe de farine. Mélanger et laisser bouillonner 1 à 2 min. Verser alors 40 cl de lait en tournant sans arrêt. Laisser cuire environ 5 min et assaisonner en sel, poivre et muscade. Ajouter, si vous le désirez, 2 grosses cuil. de crème fraîche à la sauce.

• Verser dans un plat beurré la salade et recouvrir de sauce béchamel. Ajouter sur le dessus du plat un peu de gruyère râpé et faire gratiner une quinzaine de minutes au four (180 °C).

Ci-dessous, la préparation des salades. Elles sont juste cuites avec échalotes et ail. Délicieuses à ce stade, elles peuvent être panées (page de gauche) ou transformées en gratin.

LES CHÉNOPODES

On prend les feuilles et les tiges de la plante mais pas les fleurs. Ils sont donc délicieux en mai et en juin, lorsqu'ils sont encore très tendres. Ils se cuisinent comme les épinards mais leur goût est plus fin.

• Enlever les plus grosses tiges des chénopodes pour ne garder que les parties les plus tendres. Les laver très soigneusement et les plonger dans de l'eau bouillante salée 5 à 10 min.

• Lorsqu'ils sont cuits, égoutter et faire revenir dans l'huile d'olive. Ajouter les gousses d'ail et les échalotes hachées.

• Servir, par exemple, avec des œufs pochés ou au plat et des croûtons de pain biologique grillés dans l'huile d'olive.

GRATIN *de chénopodes*

• Faire cuire les chénopodes comme indiqué dans la recette précédente.
• Préparer une béchamel, dans laquelle vous ajouterez de la crème fraîche et du comté râpé.
• Beurrer un plat allant au four. Y déposer les chénopodes et verser dessus la béchamel.
• Parsemer des noisettes de beurre et ajouter un peu de fromage râpé.
• Enfourner à 200 °C pour 15 min environ.

POULET FARCI *aux poires du jardin*

• Prendre un gros poulet de ferme. Le vider et introduire à l'intérieur des poires du jardin coupées en gros morceaux.
• Saler, poivrer et beurrer l'extérieur du poulet. Mettre au four pour 1 h 30.
• Lorsqu'il est rôti à point, laisser reposer 15 min dans le four éteint.
• Découper le poulet et servir les poires fondantes à part.

PINTADE AUX PÊCHES ET AU JUS DE POMME *biologique*

• Mettre la pintade dans une cocotte et la faire rissoler de tous les côtés avec des lardons.
• Lorsqu'elle est bien dorée, mouiller avec du vin blanc, saler, poivrer, ajouter thym et laurier et laisser cuire doucement.
• Au bout de 30 min de cuisson ajouter 2 verres de jus de pomme biologique et laisser cuire encore 15 min. La sauce devient crémeuse et onctueuse. Servir la pintade entourée des pêches, cuites à la vapeur ou pochées 10 min.

Ci-dessous, les chénopodes. En bas, au domaine de la Touche avant l'orage.

Près de Louviers,
la fidélité à la terre

À Surtauville, au sud-ouest de Louviers, au bout d'un petit chemin où l'on cueille des mûres en saison, Remi Deboos et Thérèse, son épouse cultivent leur potager en connaisseurs. Anciens régisseurs d'une grande exploitation agricole, la terre leur est familière et nécessaire. Sagement alignés, les légumes qu'ils consommeront durant l'année se côtoient sous l'œil attentif de Remi.
C'est Thérèse qui choisit les légumes. Elle connaît parfaitement les goûts de la famille et aime préparer pour chacun sa recette préférée. Petits pois et carottes mijoteront, pour réaliser une délicieuse jardinière, haricots verts, haricots beurre et flageolets seront mis en bocaux ou congelés en fonction de la récolte, les pommes de terre se convertiront en savoureux gratins. Courgettes, cornichons, navets, artichauts, tomates, salades, ail, oignons, échalotes, cueillis très frais, feront le régal de tous. Les fraises et la rhubarbe, très vite transformées en tartes et en confitures, seront réservées en priorité aux petits-enfants.

Ci-dessus, Thérèse Deboos dans son jardin.
À gauche, la récolte des pommes de terre.

Ci-contre, Thérèse Deboos cueille les petits-pois pour préparer la jardinière.

GRATIN *de pommes de terre*

POUR 4 PERSONNES :
1,3 kg de pommes de terre (Bintje)
200 g de crème fraîche
20 cl de lait
150 g de gruyère râpé
1 gousse d'ail
Muscade
Sel, poivre

• Laver et éplucher les pommes de terre. Les couper en fines rondelles. Ne plus les laver, ni les essuyer.
• Les déposer dans une terrine et ajouter la crème, le lait, la moitié du gruyère, le sel, le poivre et une pincée de muscade râpée. Bien mélanger l'ensemble et le verser dans un plat allant au four frotté préalablement avec la gousse d'ail.
• Recouvrir du reste de fromage râpé et mettre au four 180 °C pendant 1 h puis baisser un peu la température et continuer la cuisson 30 à 45 min.
• Servir bien chaud.

HARICOTS VERTS *aux oignons*

POUR 4 PERSONNES :
1 kg de haricots verts
2 gros oignons
Persil ciselé
50 g de beurre
Sel, poivre

• Effiler puis laver les haricots verts. Porter à ébullition une grande quantité d'eau salée. Plonger les haricots dans l'eau dès qu'elle bout et laisser cuire 8 à 10 min sans couvrir, ils doivent être encore un peu fermes. Égoutter.
• Peler et émincer les oignons. Les faire blondir doucement dans une cocotte avec le beurre ; lorsqu'ils commencent à dorer ajouter les haricots verts et poursuivre la cuisson 5 à 10 min, jusqu'à ce que les haricots soient tendres. Parsemer de persil ciselé avant de servir.

JARDINIÈRE DE LÉGUMES, *rouelle de porc au cidre*

POUR 6 PERSONNES :
1 kg de petits pois
6 carottes
3 pommes de terre
4 navets
1 laitue
2 oignons
30 g de beurre
Sel, poivre

• Préparer la jardinière de légumes. Écosser les petits pois, éplucher et laver les carottes, les navets, les pommes de terre et la salade, couper les carottes en rondelles, et les pommes de terre et les navets en dés. Peler les oignons, les émincer et les faire fondre dans le beurre.

Ajouter la salade. Faire revenir quelques instants, puis mettre tous les légumes dans la cocotte. Les remuer pour qu'ils s'enrobent de beurre, ajouter 1 petit verre d'eau, le sel, le poivre, couvrir et laisser cuire doucement jusqu'à ce que les carottes soient tendres.

• La rouelle de porc au cidre. Éplucher et couper les oignons en fines lamelles. Les faire fondre dans l'huile et ajouter la rouelle de porc que vous ferez revenir sur toutes les faces. Saler, poivrer, ajouter 1 branche de thym et 1 feuille de sauge. Recouvrir de cidre et faire cuire à couvert doucement pendant 2 à 3 h. En fin de cuisson, rectifier l'assaisonnement et laisser évaporer si nécessaire. Ajouter la crème, donner un bouillon et servir entouré des légumes de la jardinière.

MONTFARVILLE, *la quiétude*

Sur la route qui longe la côte entre Barfleur et Saint-Vaast-la-Hougue, le manoir de Montfarville est un havre de tranquillité. Au bout d'un chemin, une petite barrière blanche, un muret de pierre, un jardin parfaitement entretenu, et Claudette Gabroy apparaît, souriante, sur le seuil de la grande bâtisse de granit. Derrière le manoir du XVIe siècle, situé sur une butte féodale, le potager, en contrebas, est parfaitement protégé des vents dominants.

Ce n'est pas un simple potager mais davantage un mélange de plantes vivaces, d'arbustes, de fleurs au milieu des légumes (artichauts, endives, tomates, courgettes, salades, haricots…) et des fruits (melons, fraises…). Le tout est entretenu par la maîtresse de maison mais aussi par ses petits-enfants, qui adorent ce jardin plein de coins et de recoins où on peut jouer à cache-cache entre les fleurs, les plants de tomates et les énormes pieds de rhubarbe. Puis Madame Gabroy nous entraîne dans sa cuisine, pour nous livrer quelques-unes de ses recettes préférées. Elle cuisine tout à partir de son jardin et les occupants des deux ravissantes chambres d'hôtes, qu'elle a décorées avec beaucoup de goût, peuvent se régaler tous les matins en regardant la mer, dans la grande salle du manoir, de son cake fait maison et des merveilleuses confitures qu'elle réalise avec les fruits de son verger. Un endroit dont on n'a pas envie de repartir !

Double page précédente, les confitures sont préparées par Claudette Gabroy avec les fruits de son verger.
En haut, devant le manoir de Montfarville, la vue sur les champs et sur la mer.

PAIN *de laitues*

POUR 6 À 8 PERSONNES :
5 laitues environ
100 g de beurre
50 g de farine
2 cuil. à soupe de crème fraîche
6 œufs
Sel, poivre, muscade
Thym, laurier
Beurre pour le moule
1 bol de mayonnaise

• Nettoyer les laitues et les blanchir pendant 5 min à l'eau bouillante salée. Les égoutter et les hacher grossièrement.
• Dans une casserole assez grande, préparer un roux blond avec le beurre et la farine.
• Ajouter les laitues hachées, la crème, et hors du feu, les œufs battus en omelette. Assaisonner, ajouter le bouquet garni et bien mélanger.
• Beurrer un moule (genre moule à cake), le remplir de la préparation et faire cuire au bain-marie à four moyen pendant 1 h environ.
• Démouler et servir chaud avec des croûtons frits ou froid avec une mayonnaise.

CONFITURE *de rhubarbe*

POUR 3 POTS DE 500 G :
1 kg de rhubarbe épluchée
1 kg de sucre

• Éplucher la rhubarbe. La faire macérer une nuit entière dans le sucre, après l'avoir coupée en petits morceaux.
• Le lendemain, égoutter le jus dans la bassine à confiture et le mettre sur le feu ; lorsqu'il commence à épaissir, ajouter les tiges de rhubarbe ayant macéré.
• Faire cuire en remuant 5 à 10 min au plus.
• Vérifier la cuisson, écumer, mettre en pots.

Le pain de laitues servi sur la table du jardin.

SALADE DE LÉGUMES *et beignets de congre*

Claudette prépare ce plat d'été lorsque tous les enfants sont réunis autour de la table familiale.

• Les beignets de congre.
Cuire le congre au court-bouillon puis l'effeuiller et le faire mariner dans du jus de citron avec un peu de poivre.
Préparer une pâte à beignets : faire un trou dans la farine (250 g environ), ajouter 1 ou 2 jaunes d'œufs, 1 cuil. d'huile et 1 pincée de sel. Verser de l'eau peu à peu pour donner une bonne épaisseur. Ajouter au dernier moment 1 blanc d'œuf battu en neige.
Former des petites boules avec le congre effeuillé et les passer dans la pâte à beignets puis dans la friture bien chaude, jusqu'à ce qu'ils soient dorés et croustillants.
• Servir avec de la salade verte et des salades de tomates, de betteraves, de concombres, de haricots verts.
• Salade de haricots verts.
Faire cuire les haricots à l'eau bouillante salée, les garder croquants. Les rafraîchir sous l'eau très froide pour qu'ils restent bien verts. Préparer une vinaigrette à base d'huile d'olive et de vinaigre de Xerès, ajouter 1 échalote. Mélanger les haricots et la vinaigrette et parsemer de coriandre ciselée.

Page de gauche, l'arrière du manoir vu du potager.

TARTE *aux épinards*

POUR 6 PERSONNES :
1 cercle de pâte feuilletée
750 g d'épinards frais
200 g de fromage blanc
2 œufs entiers
2 cuil. à soupe de crème fraîche
50 g de parmesan râpé
50 g de beurre
Noix de muscade
Sel, poivre

• Préchauffer votre four à 200 °C (th. 6).
• Étaler la pâte feuilletée dans un moule de 30 cm de diamètre. Recouvrir la pâte de papier d'aluminium et remplir de haricots secs. Faire cuire environ 15 min à blanc, jusqu'à ce que la pâte soit mi-cuite. Sortir le moule du four, retirer le papier et les haricots et laisser refroidir.
• Éplucher et laver soigneusement les épinards, essuyer les feuilles, couper les plus grosses. Les faire fondre à feux doux 8 à 10 min dans un peu de beurre. Remuer de temps en temps. Lorsqu'ils sont cuits, les verser dans une passoire, afin qu'ils soient totalement égouttés.
• Battre les œufs en omelette. Mélanger avec la crème fraîche, le fromage blanc, le parmesan, le sel, le poivre et la muscade râpée. Incorporer enfin les épinards et mélanger soigneusement.
• Rectifier l'assaisonnement.
• Verser la garniture sur le fond de tarte et cuire pendant 20 min au four, jusqu'à ce que le dessus soit bien doré.

Autour de Rouen,
LES JARDINS FAMILIAUX

Au nord-ouest de Rouen, non loin de la voie express et d'anciennes usines, sont blottis les jardins familiaux de Déville-lès-Rouen. Le terme de jardins familiaux est récent. Au XIXe siècle, en plein âge industriel, l'abbé Lemire fonda les « jardins ouvriers » pour lutter contre la misère et l'alcoolisme. Les terrains mis à la disposition des ouvriers permirent de compléter les bases de leur alimentation et de profiter d'un coin de terre pour se détendre le dimanche. Il ne faut pas oublier qu'à cette époque les familles quittaient leurs campagnes pour travailler à l'usine et perdaient de ce fait l'environnement de leur enfance.

Plus récemment, l'évolution économique et sociale a changé la vocation de ces jardins. Ils ont perdu leur spécificité ouvrière pour s'ouvrir à une plus large frange de la population. Ils sont devenus les « jardins familiaux ». Dans ces jardins, on côtoie toujours des ouvriers mais également des retraités et bien d'autres catégories de personnes qui tous, sont animés de la même passion.

Les jardins familiaux sont des lieux civiques et des lieux d'humilité. Chacun cultive son jardin comme il l'entend et si au début on reste un peu sur soi-même très vite les barrières tombent et c'est en partageant les conseils et les services que l'on finit par vivre ensemble. Il est courant que les uns et les autres s'invitent à prendre un verre ou partagent un barbecue, si le temps est de la partie.

La bonne tenue des jardins et l'homogénéité des abris concourent à l'harmonie

de ces lieux, ce qui n'empêche pas chacun de personnaliser son cabanon (rideaux, girouettes, pots de fleurs...).
Plus à l'est, au Mesnil-Esnard, 91 parcelles de 200 et 100 m² quadrillent le terrain. Monsieur Pohyer, le vice-président, montre comment cultiver au mieux sa parcelle en fonction de la taille des plantes. On met les plus petits légumes côté soleil, et on monte, ensuite, en taille. De ce fait, chacun profite d'un ensoleillement maximum et les récoltes sont généreuses. Ces jardins sont toujours, outre le plaisir de manger frais, des jardins fonctionnant à l'économie. Les légumes les plus rares et les plus onéreux sur le marché y sont plantés, récoltés au bon moment, cuisinés si nécessaire, avant d'être congelés pour l'hiver. Ces jardiniers nous ont donné leurs recettes souvent simples mais toujours délicieuses.
Des efforts sont faits pour améliorer les espèces plantées et on trouve, désormais, au Mesnil-Esnard des pâtissons blancs, verts ou jaunes, des aubergines, courgettes et poivrons magnifiques, des pommes de terre vitelotte mais aussi, à l'initiative de Monsieur Pohyer, beaucoup de fleurs, dont certaines serviront à créer le décor grandiose que les jardiniers réalisent tous les ans, à la fin de l'été, pour la Fête des jardins.

En haut et pages précédentes, les jardins de Déville-lès-Rouen. Ci-dessous, au Mesnil-Esnard, les légumes sont sagement alignés.

Tarte *aux poireaux*

Pour 6 personnes :
1 cercle de pâte feuilletée
800 g de poireaux
250 g de crème fraîche
3 œufs
50 g de comté râpé
100 g de lardons fumés
20 g de beurre
Sel, poivre, muscade

• Éplucher et laver les poireaux. Les couper en tronçons de 2 cm et les faire cuire doucement dans une cocotte avec une noix de beurre, du sel et du poivre.
• Blanchir les lardons 2 min dans de l'eau bouillante non salée.
• Battre les œufs en omelette, ajouter la crème, les lardons égouttés, le comté râpé et les poireaux. Saler, poivrer, râper un peu de muscade.
• Garnir le moule avec la pâte piquée à la fourchette, pour éviter qu'elle ne gonfle et verser la garniture. Mettre au four à 200 °C pour 30 à 40 min.
• Servir chaud ou tiède avec une salade verte.

À Déville-lès-Rouen, les potirons attendent d'être consommés.

Fondue d'épinards *à la crème*

Pour 6 personnes :
2,5 kg d'épinards
50 g de beurre
100 g de crème fraîche
Sel, poivre, muscade

• Éplucher et laver les épinards à l'eau vinaigrée. Les couper si nécessaire.
• Dans une cocotte, faire fondre le beurre, ajouter les épinards. Saler, poivrer. Lorsqu'ils sont cuits, ajouter la crème fraîche. Laisser chauffer 1 min, râper un peu de muscade et servir avec des œufs durs et des croûtons grillés.

Tarte aux poireaux.

LAITUE *à la crème*

POUR 4 PERSONNES :
1 belle laitue
1 pomme
100 g de crème
2 cuil. à soupe
de vinaigre de cidre
Sel, poivre
Ciboulette

• Éplucher et laver la laitue, couper les plus grandes feuilles. Couper la pomme en dés.
• Préparer la sauce, pour cela mélanger vivement la crème avec le vinaigre, le sel et le poivre.
• Au moment de servir verser la vinaigrette sur le mélange salade pomme et ajouter la ciboulette.

FLAN DE COURGETTES *d'Éliane*

POUR 4 PERSONNES :
2 tomates
2 courgettes
2 oignons
2 gousses d'ail
1 petit bouquet de menthe
6 œufs
Huile d'olive

• Laver les courgettes, les couper en petits dés, émincer très finement les oignons et l'ail, faire revenir l'ensemble dans l'huile d'olive.
• Plonger les tomates 30 s dans de l'eau bouillante, ôter la peau, les épépiner et les couper en tout petits dés. Les faire revenir dans l'huile d'olive.
• Battre les œufs en omelette, ciseler finement la menthe.
• Mélanger tous les ingrédients, saler, poivrer et verser l'ensemble dans un moule en Pyrex largement beurré.
• Faire cuire au bain-marie 35 min à 200 °C. Laisser refroidir, démouler et servir avec un coulis de tomates et de la menthe ciselée.

La trévise dans les jardins de Déville-lès-Rouen.

PAUPIETTES DE CHOU *aux champignons*

• Prendre un chou frisé. Ôter les feuilles extérieures. Les laver très soigneusement, détacher les feuilles une à une. Porter à ébullition une grande quantité d'eau salée et y faire blanchir les feuilles de chou pendant 3 min. Les éponger très soigneusement afin d'éliminer toute l'eau.

À Déville-lès-Rouen, les blettes s'épanouissent au soleil.
À droite, beignets de brocolis.

• Préparer les champignons. Prendre les champignons de votre choix. Couper les pieds. Les passer rapidement sous l'eau, les sécher dans un linge et couper les plus gros. Mettre les champignons à sec dans une poêle antiadhésive et les faire cuire à feu vif afin d'enlever toute l'eau de végétation. Ajouter alors le beurre, le persil ciselé, les échalotes finement émincées, que vous aurez fait fondre séparément et un peu d'ail si vous l'aimez. Saler, poivrer.

• Préparer les paupiettes. Prendre une ou deux feuilles de chou en fonction de leur taille (superposer si nécessaire). Les étaler et déposer au centre un peu de farce aux champignons. Refermer les paupiettes. Les déposer dans une cocotte avec une noix de beurre fondu. Mouiller avec un peu de bouillon et faire cuire à four doux pendant 45 min environ.

• Servir bien chaud.

BEIGNETS *de brocolis*

Brocolis
Pâte à beignets
150 g de farine tamisée
75 g de Maïzena
1 œuf
20 cl d'eau
2 cuil. à café de levure chimique

• Préparer la pâte à beignets. Pour cela, mélanger les différents ingrédients et laisser reposer 1 h.

• Nettoyer les brocolis et détacher de petits bouquets. Les tremper dans la pâte à beignets et les plonger dans la friture pendant 2 min.

BEIGNETS *de courgettes*

• Couper les courgettes non épluchées en tranches de 5 mm d'épaisseur. Les tremper dans la pâte à beignets et les plonger dans la friture pendant 1 min 30. Les beignets doivent être dorés et les courgettes légèrement croquantes.

POIVRONS *sautés*

Monsieur Pohyer aime préparer les légumes tout simplement. Voilà comment il envisage de faire cuire ses poivrons.

• Prendre des poivrons rouges. Les ébouillanter quelques minutes afin que la peau se détache facilement. Les ouvrir et ôter les graines. Couper le poivron en lanières.
• Faire fondre 1 oignon coupé en lamelles dans de l'huile d'olive. Ajouter les poivrons, un peu d'ail, un concombre ou une courgette selon ce que vous avez sous la main. Laisser cuire doucement.
• 5 min avant la fin de la cuisson, ajouter une gousse d'ail finement émincée et parsemer de persil avant de servir.

CAROTTES *à la crème*

POUR 4 PERSONNES :
1 kg de carottes
2 oignons
100 g de crème fraîche
40 cl de bouillon de volaille
50 g de beurre
1 cuil. à café de sucre
Bouquet garni
Persil ciselé

• Laver les carottes, les gratter et les couper en rondelles. Éplucher et émincer les oignons. Les faire revenir dans le beurre et, lorsqu'ils commencent à blondir, ajouter les carottes et le sucre. Poursuivre la cuisson 2 à 3 min et ajouter le bouillon, du sel, du poivre et le bouquet garni. Couvrir et laisser cuire à feu doux 20 à 25 min (en fonction de la fraîcheur des carottes).
• Lorsqu'elles sont tendres, faire réduire le jus si nécessaire, ajouter la crème, donner un bouillon et servir parsemé de persil ciselé.

Au Mesnil-Esnard, on trouve des poivrons, des courgettes et même du raisin. À gauche, Monsieur Pohyer, vice-président des jardins familiaux du Mesnil-Esnard, nous parle des recettes qu'il affectionne plus particulièrement.

POIREAUX *au four*

POUR 4 PERSONNES :
1 kg de blancs de poireaux
200 g de beurre
Sel, poivre

• Nettoyer soigneusement les poireaux et les couper en tronçons. Les disposer dans un plat allant au four.
• Répartir le beurre sur les légumes. Saler, poivrer.
• Cuire à four 180 °C pendant 25 min environ.

GRATIN *de courge*

1 courge
Béchamel
Crème fraîche
Chapelure
Sel, poivre

• Éplucher la courge. La couper en dés que vous ferez cuire à l'eau bouillante salée jusqu'à ce qu'ils soient tendres. Égoutter soigneusement et mettre les morceaux dans un plat allant au four.
• Préparer une sauce béchamel et y ajouter la crème. Verser cette sauce sur les cubes de courge, recouvrir de chapelure et faire gratiner à four chaud pendant 15 à 20 min.

Tarte au jambon *et aux légumes d'Isabelle*

Pour 4 personnes
1 cercle de pâte feuilletée
2 tranches épaisses de jambon fumé cru
2 poireaux
1 belle tête de brocolis
3 carottes
3 œufs entiers
Cerfeuil
Ciboulette
Noix de muscade râpée
Curry
Crème fraîche

• Éplucher et laver les légumes. Couper les carottes en fins bâtonnets, les poireaux en tronçons de 1 cm environ, et séparer les brocolis en petits bouquets. Cuire ces légumes séparément dans l'eau bouillante salée jusqu'à ce qu'ils soient croquants. Les égoutter et réserver.

• Foncer un moule à tarte et cuire la pâte pendant 15 min à four chaud après avoir déposé sur le fond des haricots, pour éviter qu'elle ne gonfle.

• Préparer la garniture. Battre les œufs en omelette. Ajouter la crème fraîche, les herbes finement ciselées, la muscade râpée, une grosse pincée de curry. Déposer les légumes et le jambon sur le fond de tarte précuit et recouvrir avec la préparation.

• Enfourner pour 35 min environ et servir chaud avec une grosse salade verte.

Au Mesnil-Esnard, en haut, les choux et les tomates, et, ci-contre, les fleurs pour la Fête des jardins.

Fleurs *de courgettes farcies*

Pour 4 personnes :
12 fleurs de courgettes
2 courgettes
3 tomates
Mie de pain de campagne
Coriandre ciselée
1 oignon
1 jaune d'œuf
Huile d'olive
25 cl de crème fleurette
Ciboulette
Sel, poivre

• Peler et couper les oignons en lamelles et les courgettes en dés. Les faire revenir tout doucement dans l'huile d'olive.

• Peler et épépiner les tomates, les ajouter aux courgettes et faire revenir une dizaine de minutes.

• Préparer la farce. Mettre dans le bol du mixer le mélange oignons, courgettes, tomates, la mie de pain, la coriandre, le jaune d'œuf, l'ail. Mélanger très grossièrement, goûter et rectifier l'assaisonnement si nécessaire.

• Préparer les fleurs de courgettes. Les passer rapidement sous l'eau fraîche pour les rincer. Ôter doucement le pistil et garnir avec la farce.

• Déposer les fleurs dans le panier vapeur d'un couscoussier et laisser cuire 10 min environ.

• Préparer la sauce. Chauffer la crème fleurette, saler, poivrer et ajouter, au dernier moment, de la ciboulette ciselée. Servir avec les fleurs de courgettes.

LE CHAMP-DE-LA-PIERRE, *le rendez-vous romantique*

Entre 1786 et 1810, Jean-Baptiste Ricœur de Bâmont fit aménager, autour des deux étangs qui alimentaient ses forges, le parc du château du Champ-de-la-Pierre, dont sa famille était propriétaire depuis 1710. C'est un parc romantique avec son bois, ses deux petits ports artificiels d'où l'on peut rejoindre en barque les deux îles, son kiosque et son labyrinthe planté après la tempête de 1981 par Madame d'Andigné, l'actuelle propriétaire du domaine. Au bout de l'impressionnante allée de hêtres, se trouve le château et, à droite, le vaste potager allie l'utile à l'agréable ; il marie plantes vivaces, légumes et fruits, notamment les coings avec lesquels Madame d'Andigné confectionne des pâtes de fruits pour ses petits-enfants.

Elle aime préparer des repas pour de grandes tablées et a constaté qu'il était beaucoup plus facile de prévoir des mets pouvant attendre les invités, tels que les viandes blanches ou les volailles accompagnées de légumes cueillis tout frais. Ils mijotent sur la cuisinière à bois, qu'elle n'arrête jamais, dans la surprenante cuisine aux murs de pierre de plus d'un mètre d'épaisseur, vestiges de la guerre de Cent Ans.

L'un des deux petits ports romantiques, au bout de l'allée de hêtres. À droite, dans la cuisine, les bocaux attendent d'être consommés.

Canard aux légumes *du potager*

• Dans une cocotte, faire revenir un beau canard. Le flamber avec du calvados.

• Ajouter les légumes frais cueillis dans le jardin : échalotes, navets, carottes, chou (blanchi au préalable), tomates, courges et les herbes : laurier, persil, thym, ainsi que 1 clou de girofle, du sel et du poivre.

• Verser 1/2 l d'eau. Couvrir la cocotte. Laisser mijoter doucement pendant 2 h sur la cuisinière à bois.

• Le canard découpé se présente soit sur les légumes, soit entouré par eux.

Ce plat permet d'attendre patiemment les retardataires.

Légumes *en gelée*

Carottes
Haricots verts
Petits pois
Maïs
1 paquet de gelée

• Faire cuire séparément les carottes coupées en rondelles, les haricots, les petits pois et le maïs en prenant soin qu'ils restent très légèrement croquants.

• Couler une couche de gelée dans le fond d'un moule. Le placer au réfrigérateur et, quand la gelée est prise, faire des couches des différents légumes en alternant les couleurs.

• Tasser, recouvrir de gelée et laisser prendre au frais pendant au moins 3 h. Démouler et servir avec une mayonnaise au basilic.

Framboises *en bocaux*

• Ramasser les framboises directement dans le bocal, pour ne pas les abîmer. Veiller à ce qu'elles soient bien saines.

• Ajouter de l'eau sucrée : 1 kg de sucre pour 1 l d'eau. Stériliser très doucement 15 min à 85 °C.

Bocaux de haricots verts *du jardin*

• Éplucher et laver les haricots. Les plonger 5 min dans de l'eau bouillante puis les rafraîchir sous l'eau froide.

• Les ranger dans des bocaux en les tassant bien. Les recouvrir d'eau bouillie salée. Fermer hermétiquement les bocaux et les stériliser pendant 80 min.

SAINT-PATERNE, *le raffinement*

Ce château de famille d'époque Renaissance, fort apprécié par Henri IV, était inhabité depuis trente ans. Entièrement rénové par Charles-Henri de Valbray, son jeune propriétaire, qui a réhabilité et décoré avec un grand souci d'authenticité les neuf chambres et les salons, le château est devenu hôtel de charme.
Dans le même temps, il s'est occupé du parc, qui était devenu une véritable jungle, mais c'est le potager qui a redonné vie à la maison.
C'est en allant cueillir, panier sous le bras, les légumes nécessaires à la préparation du repas, qu'il nous relate sa rencontre fortuite, à Alençon, avec deux familles paysannes Hmongs,

venues des montagnes du Laos.
Une amitié se noue et il leur propose de venir investir l'ancien potager du château. Honorées par la proposition, ces deux familles n'ont de cesse de semer et de planter ce qui constitue les bases de leur alimentation asiatique.
Dès lors, commencent à pousser potirons, pak-choï, et autres choux asiatiques, concombres chinois et liserons d'eau, qu'ils mangent en salade. La coriandre, l'aneth, le basilic, la ciboulette et toutes sortes de légumes et de fleurs peuplent, également, ce potager. En échange de cette hospitalité, Charles-Henri a accès à une large palette de produits dont les saveurs traditionnelles ou surprenantes viendront enrichir ses recettes.
C'est en fin cuisinier, débordant d'imagination et secondé par sa charmante épouse Ségolène, qu'il tient tous les soirs, sur réservation, une table d'hôtes regorgeant de plats authentiques comme les recettes qu'il a réalisées pour nous. Et, si vous voulez connaître tous ses secrets, vous pouvez vous inscrire aux cours de cuisine qu'il dispense : « Les liaisons délicieuses ».

En haut, Charles-Henri de Valbray cueille les herbes pour réaliser le veau vert. Ci-contre, un détail du château, et, page de droite, le château vu du potager asiatique.

VEAU *vert*

POUR 8 PERSONNES :
1,5 kg de noix de veau
coupée en morceaux
20 cl de vin blanc sec
3 bouquets de persil
2 bouquets de ciboulette
2 bouquets de basilic
100 g d'épinards hachés
3 cuil. à soupe d'huile
4 oignons
1 jus de citron
25 cl de crème fraîche

• Faire revenir les oignons émincés dans une cocotte. Ajouter la viande coupée en morceaux. Faire revenir puis mouiller au vin blanc.
• Ajouter toutes les herbes sans les tiges ciselées gros.
• Faire cuire mi-couvert 25 min à feu doux.
• En fin de cuissson, ajouter le jus du citron, sel, poivre et la crème.
• Servir avec des tagliatelles au basilic ou du riz.

Le secret de la réussite de cette recette réside dans la très grande quantité d'herbes employées pour sa réalisation. On peut aussi y ajouter du cerfeuil.

Double page précédente, le veau vert.

TOURTE DE CAROTTES *en robe de chou*

POUR 8 PERSONNES :
8 grandes feuilles de chou vert
6 grosses carottes
1/4 de chou vert
3 oignons
2 gousses d'ail
1 bouquet de persil
4 blancs de poireaux
175 g de beurre
5 œufs
1 pincée de piment fort
Sel et poivre

INGRÉDIENTS POUR LA SAUCE :
40 cl de crème fraîche liquide
3 cuil. à café
de ciboulette ciselée
Sel et poivre
25 g de beurre

• Laver les grandes feuilles de chou, les faire blanchir 3 min dans de l'eau bouillante salée. Les rafraîchir aussitôt à l'eau froide. Les éponger entre deux épaisseurs de papier absorbant.

• Éplucher et laver le chou, les carottes et les poireaux. Les râper finement. Éplucher et hacher l'ail, l'oignon, le persil.

• Faire fondre 200 g de beurre dans une grande casserole et commencer par faire suer le chou, les poireaux et les oignons. Au bout de 5 min, y ajouter les carottes, le persil et l'ail. Faire fondre le tout pendant 15 min à feu doux, en remuant de temps en temps. Ajouter le piment, saler et poivrer. Retirer du feu et laisser refroidir.

• Puis incorporer les œufs battus en omelette. Bien mélanger.

• Beurrer largement une tourtière avec la moitié du beurre restant. Chemiser le moule avec les grandes feuilles de chou (en réserver une), en les laissant largement dépasser sur les bords.

• Verser le mélange de légumes aux œufs. Rabattre les feuilles de chou sur la garniture et en poser une sur le dessus. Ajouter le beurre restant en parcelles. Couvrir le tout d'une feuille d'aluminium et faire cuire 30 min à four th. 5 (190 °C).

• Pendant la cuisson de la tourte, préparer la sauce. Faire fondre le beurre et la crème fraîche à feu doux. Y ajouter la ciboulette, le sel et le poivre. Bien mélanger et verser dans une saucière.

• Démouler la tourte sur une grande assiette ronde et servir avec la saucière.

Gratin *de poires*

Pour 6 personnes :
6 poires
220 g de sucre en poudre
(dont 100 g pour le sirop)
25 cl d'eau
1/2 citron
10 cl de crème
3 jaunes d'œufs
50 g de poudre d'amandes
Le zeste de 1/2 orange râpé
Vanille
30 g de beurre

- Préparer un sirop avec 100 g de sucre et 10 cl d'eau.
- Éplucher les poires et les cuire 5 à 10 min dans ce sirop. Les ranger ensuite dans un plat beurré allant au four.
- Travailler les jaunes, le sucre restant, le zeste d'orange, les amandes et la vanille.
- Couvrir les poires du mélange. Déposer sur le dessus quelques parcelles de beurre et mettre au four th. 6 pour 30 min environ. Il faut que le dessus du plat soit gratiné.
- Servir tiède.

À Caen,
le bon vivre des jardins familiaux

Pour nos jardiniers, le temps s'écoule paisiblement sous le ciel de Caen. La Ligue française du coin de terre et du foyer y développe d'année en année le nombre de ses jardins, pour répondre à la demande. Au centre de Caen, le groupe du Chemin-Vert, créé en 1983, compte une centaine de jardins de 200 m². Chacun y fait pousser ce qu'il aime et qui lui est nécessaire. Pour Monsieur Garnier, qui organise une rotation de ses cultures, ce seront entre autres des choux, des fraises, des pommes, des cassis. Monsieur Henriet, lui, cultive les radis, les petits pois, les échalotes, les navets, les betteraves, les tomates, les salades : trévises, laitues…

En périphérie de Caen, à Cormelles-le-Royal plus précisément, le groupe du Docteur Collin, créé en 1962, s'étend sur 8,5 ha et comporte 245 jardins de 310 m² chacun.
Sur l'une de ces parcelles, nous avons rencontré Monsieur Laidet. C'est un jardinier heureux qui, comme ses voisins, cultive son petit coin de paradis. Il éprouve de la fierté à retourner la terre, à la nourrir naturellement avec des feuilles de moutarde, de façon à ce que celle-ci soit saine et bien aérée ; d'ailleurs, le résultat est surprenant. Ses légumes racines s'enfoncent si profondément que cela donne quelques spécimens impressionnants. Son jardin, identique aux autres en taille, permet de nourrir qualitativement quatre personnes pendant l'année. À l'image de ce couple, c'est le bonheur de partager, en toute simplicité et avec bonne humeur, qui s'exprime. Les voisins sont les bienvenus et les jardins se transforment en un merveilleux lieu d'échange d'idées, de services et de recettes.
Une mosaïque de cultures y est née : ici un jardin portugais, là un jardin cambodgien… ce qui fait de chaque jardin une ambassade du goût.

Ci-contre, poireaux et laitues rouges. À gauche, Monsieur Laidet sort de son abri de jardin. Sa pomme de pin lui sert à prévoir le temps qu'il fera le lendemain.

CONFITURE DE *potiron aux abricots*

1 kg de potiron
800 g de sucre
300 g d'abricots secs

• La veille, faire tremper les abricots secs dans de l'eau. Enlever la peau du potiron et le couper en cubes. Peser la chair obtenue et la faire macérer avec du sucre semoule à raison de 800 g de sucre pour 1 kg de potiron. Ajouter de la cannelle. Laisser reposer une nuit à couvert au réfrigérateur.
• Dans une bassine à confiture, mettre le potiron et le sucre ainsi que les abricots égouttés. Cuire à petit bouillonnement pendant 45 min environ jusqu'à ce que la confiture nappe une cuillère en bois. Ébouillanter les pots à confiture. Les sécher soigneusement et y verser la confiture dès qu'elle est cuite. Couvrir immédiatement et retourner les pots.

GRATIN *de salsifis*

• Éplucher 1 kg de salsifis. C'est une tâche difficile mais vous serez récompensés par la finesse de goût des salsifis frais. Les plonger immédiatement dans un récipient rempli d'eau froide où vous aurez pressé 1 citron.
• Les cuire ensuite au blanc. Faire couler environ 3 l d'eau froide dans une passoire où vous aurez mis 3 à 4 cuil. à soupe de farine. Remuer pour mélanger. Ajouter 1 jus de citron et y plonger les salsifis.
• Cuire à petit frémissement jusqu'à ce que les légumes soient tendres, il faut compter environ 30 min. Égoutter.
• Mettre les salsifis dans un plat en terre.
• Préparer une sauce béchamel avec crème et fromage râpé. Ajouter sur le dessus du plat 1 ou 2 noisettes de beurre et couvrir de gruyère râpé. Laisser gratiner à four 180 °C pendant 15 min environ.

Le verre de l'amitié. Monsieur et Madame Laidet en compagnie de Monsieur Rolland, responsable pour la Normandie de la Ligue française du coin de terre et du foyer.

FONDUE D'OSEILLE *aux œufs mollets*

POUR 4 PERSONNES
1 kg d'oseille
4 œufs
50 g de beurre
150 g de crème fraîche

•Laver soigneusement les feuilles d'oseille. Les égoutter. Jeter les feuilles dans une cocotte et laisser cuire jusqu'à évaporation de l'eau de végétation. Ajouter ensuite le beurre. Laisser cuire quelques minutes. Saler, poivrer. Ajouter la crème et poursuivre la cuisson encore 2 à 3 min.
• Faire cuire les œufs mollets et les servir avec la fondue d'oseille et des croûtons de pain grillé.

MIROMESNIL,
le potager d'un gourmand

Le potager de Miromesnil est un potager de gourmand et ce n'est pas Thierry de Voguë, son propriétaire, qui nous démentira. Au cœur d'une magnifique futaie de hêtres, le château de Miromesnil, datant du XVIIe siècle, vit naître en 1850 Guy de Maupassant. Depuis 1938, il est la propriété de la famille de Voguë et c'est la comtesse Bertrand de Voguë qui a entrepris de restaurer le château, le parc et, bien sûr, le potager. C'était son domaine, il lui permettait, après la guerre, de nourrir une famille nombreuse, elle en a créé les grands équilibres en s'inspirant essentiellement de ce qui se faisait alors en Angleterre et, à sa mort, son fils Thierry, secondé par son épouse Béatrice, a repris le flambeau tout en gardant l'esprit insufflé par cette femme à l'énergie débordante.

Le potager jouxte le château. Autrefois, on y arrivait directement par l'ancienne cuisine. Il est composé de quatre carrés séparés par des allées engazonnées bordées de plates-bandes fleuries. Au printemps apparaît un savant mélange de vivaces et de bulbes anciens aux couleurs franches et, dès le mois de juin, les annuelles apportent des touches de couleurs plus subtiles, en parfaite harmonie avec le rose orangé des briques du château et des murs entourant le potager. L'allée transversale est totalement bleue, grâce aux splendides et introuvables delphiniums Pacific Giant. Le long des murs, les clématites voisinent avec d'énormes pivoines, de plus de 40 ans, qui diffusent leur puissant parfum alentour.

Thierry de Vogüe décrit son potager comme « un jardin extrêmement égoïste, pas technique, totalement sensuel et passionnel ». À chaque rang, il s'anime en vous racontant

Double page précédente, la couronne de courgettes. Ci-dessous, l'allée principale du potager de Miromesnil.

l'usage qu'il fera de ses légumes. Les fèves, qu'il affectionne particulièrement, lui sont réservées. Les choux de Saint-Saëns, pendus dans une remise, attendront l'hiver pour être consommés en potées. Les fleurs des petites courgettes Zucchini s'accommoderont en

délicats beignets, les courgettes, elles, seront grillées. Le persil frisé sera frit et servi en garniture de viandes (« pas très léger mais délicieux ! » avoue-t-il). Les haricots verts, extra fins, cueillis tous les deux jours, iront au congélateur (s'ils ne sont pas tous mangés d'ici là) et les tout petits cornichons Vert de Paris, quant à eux, rejoindront le vinaigre fait maison. Les poireaux, brocolis, choux, petits pois, oseille, betteraves, rattes, belles-de-fontenay, oignons, petits radis, navets, tomates cerises, petits artichauts…, tous cueillis au moment propice, se retrouveront dans l'assiette dès le printemps pour le plus grand plaisir de notre jardinier gourmand.

Ci-contre, Thierry de Voguë cueille les fleurs de courgettes et le basilic pour réaliser les beignets.

CONSOMMÉ AUX HERBES *du jardin*

POUR 4 PERSONNES :
1 bouquet de persil
1 bouquet de ciboulette
Quelques feuilles de basilic
2 grosses poignées d'oseille
Cerfeuil
1 l de bouillon de poule
2 jaunes d'œufs

• Laver et hacher grossièrement les herbes. Les faire revenir dans une sauteuse, en remuant sans cesse. Elles ne doivent pas prendre couleur.
• Lorsque l'eau est évaporée verser 1 l de bouillon de poule concentré. Maintenir l'ébullition pendant 10 min environ.
• Dans un bol, délayer les jaunes d'œufs avec un peu de bouillon, puis verser cette liaison hors du feu dans le potage, en tournant régulièrement.
• Réchauffer à feu doux. Passer au mixer et rectifier l'assaisonnement si nécessaire. Au moment de servir, saupoudrer de cerfeuil ciselé.

SOUPE *glacée au concombre*

POUR 2 PERSONNES :
1 concombre
1 petit bouquet de basilic
1 yaourt bulgare

• Dans le bol d'un mixer, couper un concombre en petits dés, ajouter un petit bouquet de basilic et 1 yaourt bulgare. Saler, poivrer. Bien mixer l'ensemble. Il faut que la soupe soit assez liquide. Vous pouvez l'alléger si nécessaire avec 1 yaourt fouetté.
• Couper quelques dés de concombre dans le potage et servir bien frais. Décorer avec une feuille de basilic.

POTAGE *de queues de radis*

• Récupérer les feuilles et les queues d'une botte de radis. Les faire revenir dans un peu de beurre avec 1 oignon et 1 pomme de terre. Saler, poivrer. Couvrir d'eau et faire cuire.
• Lorsque la pomme de terre est tendre passer l'ensemble au mixer. Ajouter 1 cuil. de crème fraîche au moment de servir.

POTAGE *de tomates*

POUR 2 PERSONNES
1 kg de tomates
1 oignon
1 branche de thym
1 feuille de laurier
1 branche de céleri
1 petit bouquet de basilic

• Ébouillanter les tomates. Les peler et les épépiner.
• Les faire cuire dans un fond d'eau avec l'oignon, le thym, le laurier, le basilic, du sel, du poivre, la branche de céleri.
• Lorsque l'ensemble est cuit, mixer et mettre au frais.

Ci-dessous, une fleur de courgette.
À droite, dans la cuisine du château de Miromesnil, les beignets de fleurs de courgettes.

BEIGNETS *de fleurs de courgettes*

POUR 2 PERSONNES :
6 fleurs de courgettes
1 courgette
1 boule de mozzarella
Basilic
Sel, poivre

POUR LA PÂTE À BEIGNETS :
250 g de farine tamisée
2 œufs
20 cl de lait

• Enlever le pistil et les petites feuilles à l'extrémité, entre la courgette et la fleur.
• Mettre dans un mixer la mozzarella coupée en dés, la courgette coupée en rondelles, le basilic, le sel et le poivre. Mixer le tout. Rectifier l'assaisonnement et remplir délicatement les fleurs de cette préparation.
• Préparer une pâte à beignets très légère (en mélangeant tous les ingrédients) et y tremper les fleurs de courgettes.
• Dans une poêle, faire chauffer de l'huile d'arachide. Quand elle est bien chaude, plonger les fleurs 3 min de chaque côté. Les retirer et les éponger sur du papier absorbant. Les servir bien chaudes.
On peut garnir les fleurs de courgettes de toutes sortes de farces plus traditionnelles mais le résultat est plus lourd.

TARTE AU CONFIT DE COURGETTES *et de tomates*

POUR 6 PERSONNES :
3 courgettes
50 g de mozzarella
6 tomates
Huile d'olive

POUR LA PÂTE À TARTE :
200 g de farine
100 g de beurre
8 cl d'eau
1/2 cuil. à café de sel
Persil haché
Basilic haché

- Ébouillanter les tomates, les peler, les épépiner, et les couper en quartiers.
- Poser les quartiers sur une plaque à pâtisserie, saler, poivrer, parsemer de sucre semoule, thym, huile d'olive et faire cuire au four th. 1 pendant 2 h (les tomates ainsi confites peuvent se garder 4 jours environ).
- Laver les courgettes sans les éplucher. Les râper en spaghettis. Peler et hacher de l'ail.
- Mettre 3 cuil. d'huile d'olive dans une poêle. Y jeter les courgettes et l'ail, saler, poivrer et faire cuire quelques minutes à feu vif. Éteindre le feu et laisser en attente.
- Hacher la mozarella.
- Faire une pâte à tarte dans laquelle vous incorporerez du sel, du persil et du basilic hachés. Précuire la pâte 15 min à four doux.
- Lorsque la pâte est précuite, la recouvrir des tomates confites et des spaghettis de courgettes. Ajouter ensuite la mozzarella, un filet d'huile d'olive et mettre au four pour 15 à 20 min.
- Servir chaud ou tiède avec de la salade verte.

Le château de Miromesnil, vu du potager.

COURONNE *de courgettes*

POUR 4 PERSONNES :
4 courgettes
6 œufs
200 g de mascarpone
3 cuil. à soupe d'huile d'olive
1 petit bouquet de basilic
Sel, poivre, muscade

Laver les courgettes et les couper en rondelles en gardant la peau. Les faire revenir dans 3 cuil. à soupe d'huile d'olive. Ajouter, ensuite, le petit bouquet de basilic ciselé, le sel et le poivre.
• Battre les œufs en omelette avec de la noix de muscade râpée, le reste du basilic, le mascarpone. Mélanger et ajouter les courgettes.
Beurrer un moule à savarin. Le remplir avec la préparation et faire cuire à four chaud 25 min environ. Sortir le plat du four et laisser refroidir.
• Démouler. Garnir le centre de salade composée.
• Servir avec du coulis de tomate et de fines tranches de jambon de Bayonne.

FEUILLETÉ *de poisson*

PAR PERSONNE :
1 aubergine
1 poivron
1 filet de poisson
(merlan, sole, cabillaud...)

• Laver l'aubergine, laisser la peau. La couper en tranches d'environ 0,5 cm d'épaisseur. Faire revenir les tranches dans l'huile d'olive.
• Faire cuire le poivron au four. Enlever la peau et le couper en lanières.
• Beurrer un plat allant au four. Déposer une couche d'aubergine puis une couche de poivron, le filet de poisson salé et poivré, une couche de poivron et terminer par une couche d'aubergine. Verser un filet d'huile d'olive et passer le plat au four (200 °C) 20 min. Au moment de servir, ciseler un peu d'aneth.

LASAGNES *végétariennes*

• Faire une ratatouille à l'huile d'olive en y ajoutant du fenouil, du basilic et/ou d'autres herbes du jardin. Beurrer un plat allant au four. Y déposer :
1 couche de ratatouille,
1 couche de pâte à lasagnes,
1 couche de mascarpone,
1 couche de pâte à lasagnes,
1 couche de ratatouille,
1 couche de mozzarella,
1 couche de pâte à lasagnes,
1 dernière couche de ratatouille et couvrir l'ensemble de gruyère.
• Mettre au four (180 °C) pour 30 à 40 min. Servir très chaud.

Un épouvantail dans le potager de Miromesnil.

Céleri et oignons, des ingrédients indispensables dans la cuisine de Miromesnil.

POT-AU-FEU *sauce tartare*

INGRÉDIENTS
2,5 kg de viande de bœuf (paleron, jarret et collier)
1 kg de carottes
1 kg de navets
10 poireaux
1 branche de céleri
1 oignon piqué d'un clou de girofle
1 bouquet garni
1 bol de mayonnaise
Cornichons
Sel, poivre

• Mettre la viande dans une grande marmite. Couvrir d'eau froide. Porter à ébullition puis faire cuire à petit frémissement. Écumer régulièrement.
• Après 2 h de cuisson ajouter 2 carottes, 2 poireaux, 2 navets, l'oignon, le céleri branche, le bouquet garni, du sel, du poivre et poursuivre la cuisson pendant au moins 2 h encore.
• Pour le service, faire cuire le reste des légumes à la vapeur ou dans un peu de bouillon que vous aurez prélevé de la marmite.
• Réchauffer le pot-au-feu. Servir le bouillon avec des croûtons grillés puis la viande entourée des légumes croquants, accompagnée d'une sauce tartare, c'est-à-dire une mayonnaise dans laquelle vous incorporez des cornichons mixés.

SALADE *melon, miel, magret*

INGRÉDIENTS :
Un mélange de 2 salades, par exemple feuilles de chêne et scarole
1 melon coupé en billes
1 magret de canard fumé
1 bouquet de basilic

POUR LA VINAIGRETTE :
1 cuil. à soupe de vinaigre de cidre
3 cuil. à soupe d'huile d'olive
1 cuil. à soupe de moutarde à l'ancienne
1 cuil. à café de miel liquide

• Disposer dans un plat les différents ingrédients : feuilles de salade, billes de melon, magret coupé en tranches fines.
• Arroser avec la vinaigrette. Parsemer de basilic haché. Servir bien frais.

OIGNONS *farcis*

Cette recette permet de reconvertir un reste de viande ou de poulet et peut être réalisée avec des navets ou des fonds d'artichauts.

• Éplucher, laver et enlever la première peau plus ferme des oignons. Les blanchir 3 min dans de l'eau bouillante salée. Laisser refroidir. Évider les oignons en gardant la chair.
• Faire un hachis avec la viande (ce jour-là, c'était un reste de poulet mélangé avec un reste de ratatouille) et y ajouter le centre des oignons, du sel, du poivre et du persil. Pour 4 oignons, mixer 1 jaune d'œuf avec la viande.
• Fourrer délicatement les oignons. Arroser d'un filet d'huile d'olive et les passer à four doux environ 35 min.
• Servir avec des tomates coupées en deux, saupoudrées de chapelure et cuites en même temps que les oignons.

GRILLOIR

FONDS D'ARTICHAUTS *farcis aux champignons*

POUR 4 PERSONNES :
4 artichauts
300 g de champignons de Paris
ou mieux un mélange
de champignons des bois
20 g de beurre

POUR LA SAUCE HOLLANDAISE :
3 jaunes d'œufs
2 cuil. à café d'eau
1 jus de citron
Sel, poivre

• Faire cuire les artichauts à l'eau bouillante salée pendant 1 h environ. Lorsqu'ils sont tendres, ôter les feuilles et le foin pour ne garder que le fond.

• Prendre des champignons que vous aurez nettoyés et coupés en morceaux pour les plus gros. Les faire cuire dans une poêle à feu vif, afin qu'ils perdent leur eau de végétation, puis les laisser fondre quelques minutes avec une échalote finement ciselée dans une bonne noisette de beurre.

• Préparer la sauce hollandaise. Faire fondre le beurre dans une casserole à feux doux et le réserver.
Mélanger au fouet les jaunes d'œufs et les 2 cuil. d'eau dans une autre casserole.
Faire chauffer au bain-marie sans laisser bouillir, jusqu'à ce que le mélange commence à épaissir.
Ajouter ensuite, très lentement le beurre fondu en fouettant sans cesse.
Terminer par le jus de citron, le sel et le poivre.

• Pour servir, faire réchauffer les fonds d'artichauts si nécessaire et remplir le cœur avec les champignons. Napper l'ensemble d'une bonne cuillère de sauce hollandaise. Servir le reste de la sauce en saucière.

GRATIN *de fruits rouges*

POUR 4 PERSONNES :
Fruits rouges au choix
5 jaunes d'œufs
100 g de sucre semoule
1 cuil. à soupe rase de Maïzena délayée dans un fond de lait
40 cl de crème entière liquide
10 cl de crème liquide à 15 % de matière grasse

• Battre l'ensemble des ingrédients (à l'exception des fruits) au fouet électrique.
• Ajouter les fruits rouges cueillis dans le jardin (fraises, framboises, mûres, groseilles…).
• Mettre dans un plat beurré et faire cuire au bain-marie 20 à 25 min à four moyen.
• Servir froid.

SABLÉ *aux framboises du jardin*

Framboises à volonté

POUR LA CHANTILLY :
500 g de crème liquide
100 g de sucre glace
2 blancs d'œufs battus en neige

POUR LA PÂTE SABLÉE :
500 g de farine
300 g de beurre
250 g de sucre semoule
2 œufs
1 pincée de sel
1 sachet de sucre vanillé

• Préparer la pâte sablée. Mélanger la farine, le sucre et le sel. Incorporer le beurre et les œufs et travailler le mélange jusqu'à ce que la pâte soit homogène. Former 3 boules, fariner et laisser reposer au frais pendant 1 h. Au bout de ce temps étaler la pâte afin de réaliser 3 disques de taille identique. Faire cuire au four à 180 °C pendant 20 min.
• Préparer la chantilly et y incorporer délicatement les blancs d'œufs battus en neige très ferme. Mélanger les framboises fraîchement cueillies à la chantilly.
• Monter le gâteau. Sur le plat de service, poser 1 disque de pâte sablée, recouvrir de chantilly aux framboises, 1 nouveau disque de pâte, une couche de chantilly et le dernier disque de pâte. Recouvrir l'ensemble de chantilly et décorer avec quelques framboises. Servir très frais.

Le chou *de Saint-Saëns*

Gérard Mallet est un jardinier heureux ! Quel bonheur de l'écouter vous raconter l'histoire du chou de Saint-Saëns, qu'il a sauvé de l'oubli. À 14 ans, apprenti jardinier chez Raymond Hédou, un horticulteur du village, il découvre cet énorme chou qui, dans les années 30, était vendu à hauteur de 130 000 plants par an. Il remonte le temps jusqu'en 1854, date à laquelle un horticulteur, Monsieur Prévost, dans son *Petit traité pratique de culture potagère rustique et facile* publié par le Cercle pratique d'horticulture et de botanique du département de la Seine-Inférieure, recommandait de planter de gros choux de Saint-Saëns. Ces choux dont les jeunes plants semés avant l'hiver sont replantés au printemps pour donner, à l'automne, des pièces pouvant atteindre 1,30 m de diamètre et un poids de 20 à 25 kg, étaient très appréciés dans les milieux ruraux. Ils nourrissaient des familles entières, leur apportant les vitamines C et E, le calcium et le magnésium, rares en hiver, période durant laquelle on consommait essentiellement des pommes de terre et des haricots. Pour conserver ces choux, il suffit de les suspendre la tête en bas dans les celliers et de prélever la quantité nécessaire aux besoins du jour.
Gérard Mallet, à l'origine de l'association « Plantes et fruits brayons » créée en 1991, essaie de faire revivre et de conserver les variétés anciennes.
Son chou, disparu des catalogues et des potagers en 1960, est, de nos jours, très demandé ; c'est pourquoi il en fait pousser 1 200 plants par an et en cultive lui-même 130.
Son épouse l'accommode avec des pommes, mais aussi avec du poisson et en potées. Elle conserve toujours la deuxième eau de cuisson, pour réaliser de délicieux potages aux légumes.

Page de droite, Gérard Mallet au milieu des choux. Ci-dessous, un magnifique spécimen de chou de Saint-Saëns.

Chou *aux pommes*

Pour 4 personnes :
1 chou blanc
100 g de beurre
40 cl de cidre (ou d'eau)
3 pommes
Sel, poivre
Muscade râpée

• Nettoyer le chou. Le couper en quartiers et les faire blanchir à l'eau bouillante pendant 5 min environ. Égoutter et le couper en lanières.
• Dans une cocotte à fond épais, déposer le chou, ajouter le sel, le poivre, la muscade et recouvrir des 2 verres de cidre (ou d'eau si vous préférez). Laisser cuire 45 min environ.
• Ajouter alors sur le chou les pommes que vous aurez pelées, épépinées et coupées en quartiers.
• Poursuivre la cuisson pendant 15 min et, avant de servir, ajouter le beurre coupé en morceaux.

Darnes de cabillaud au chou *et à la crème de cidre*

Pour 4 personnes :
1 chou blanc ou frisé
4 darnes de cabillaud
1/2 bouteille de cidre
100 g de beurre
Sel, poivre

• Ôter les plus grosses feuilles du chou, le couper en quartiers, que vous laverez et ferez blanchir 10 min à l'eau bouillante salée. Égoutter et plonger à nouveau le chou dans une grande quantité d'eau bouillante salée une quinzaine de minutes. Égoutter soigneusement, déposer le chou dans une cocotte avec un bon morceau de beurrre et faire réchauffer tout doucement avant de servir avec le poisson.
• Laver et éponger les darnes de cabillaud. Les faire cuire dans une poêle avec une noix de beurre. Surveiller la cuisson, elles doivent être légèrement colorées en surface et presque translucides au niveau de l'arête.
• Préparer la sauce au cidre. Dans une petite casserole, faire réduire le cidre jusqu'à ce qu'il devienne légèrement sirupeux. Saler, poivrer, ajouter la crème fraîche. Porter à ébullition et servir aussitôt avec le poisson et le chou.

Madame Guillotin, *la fée qui parle aux plantes*

Prendre le chemin qui continue la route, puis dernière maison avant le bois. Voilà, nous y sommes ! De sa voix d'éternelle jeune femme, Madame Guillotin nous souhaite la bienvenue sur son territoire. Elle nous invite à pénétrer dans la cuisine et c'est autour d'un vin de cassis fait maison que, très vite, les fiches, les sachets de graines et les photos des expositions s'étalent sur la toile cirée, sans oublier sa « bible » l'indispensable *Livre des semis*. Elle y trouve les dates des « jours racines » pour planter les pommes de terre, carottes, navets, panais..., des « jours feuilles » pour les salades, choux..., et des « jours fruits » pour les tomates, cucurbitacées, courgettes... Madame Guillotin jardine avec la lune, malgré l'avis contraire de Jean-Baptiste de La Quintinie, jardinier du roi à Versailles, mais peu importe, c'est la poésie qui l'emporte !
Elle chausse ses bottes et nous entraîne dans son royal potager. Munie de ses précieuses listes, nous découvrons les 106 espèces de tomate, chacune répertoriée par son nom et un numéro, numéro que l'on retrouve au pied des plants : la *Beauté blanche*, la *Wendy*, la *Jaune de Saint-Vincent*, la *Délicieuse de Burpé*, l'*Orange Bourgouin*... « Je préfère les espèces jaunes et orange qui sont plus douces à consommer que les rouges » nous confie-t-elle.
Pour les courges : « Il y en a 111 sortes en comptant les cornichons ... » Elle soulève les énormes feuilles de cet océan vert et commence une véritable tournée « d'affection », s'adressant à

ses cucurbitacées comme à tous les pensionnaires de son domaine, chats, chien, canards, hirondelles comprises... Elle s'enquiert de leur santé, félicitant les uns pour leur bonne croissance, soignant les autres, plus faibles, avec un mot gentil pour chacun d'eux.
« Vous savez, certaines plantes s'aiment ou se détestent et il faut absolument en tenir compte si on veut que tout le monde pousse heureux. Par exemple, l'échalote n'est pas marrante à mettre en terre, car elle n'aime personne, celle-là ! ce n'est pas comme le chou et la pomme de terre qui font bon ménage !... »
Sur le chemin du retour, elle se baisse, cueille ici une tige de pimprenelle au goût de concombre, là de la mélisse à l'odeur de citron, de la consoude ou « sole végétale », dont elle fera des beignets, de la ciboulette chinoise au goût d'ail, des graines de coriandre et des fleurs de coucou pour le « thé ».

Les **Turbans turcs, Jack Bee Little,** *haricots* **Phénomène,** *tomates* **Schimmeig Creg** *ou* **Marmande...,** *Madame Guillotin les connaît tous pour les avoir élevés.*

SOUPE *d'orties*

Une dizaine de petits oignons
1 passoire pleine d'orties
3 belles pommes de terre
1 feuille de sauge
Crème fraîche

• Cueillir de jeunes pousses d'orties avec des gants en évitant les endroits trop proches des routes. Les laver soigneusement.
• Éplucher et laver les pommes de terre. Les couper en morceaux. Faire blondir les petits oignons dans un peu de beurre. Ajouter les orties et laisser fondre doucement. Ajouter les pommes de terre, la feuille de sauge, saler, poivrer et couvrir d'eau.
• Laisser cuire 30 min environ et passer au moulin à légumes. Rectifier l'assaisonnement. Servir avec une bonne cuillère de crème fraîche

La soupe d'orties.

BEIGNETS *d'orties blanches*

• Cueillir les orties blanches. Les laver soigneusement. Garder uniquement les fleurs et les tiges. Préparer une pâte à beignets sucrée. Passer les orties dans cette pâte et les faire frire dans l'huile d'arachide. Saupoudrer de sucre et déguster chaud.

SALADE *de pissenlits aux croûtons*

POUR 4 PERSONNES :
400 g de pissenlits
1 ou 2 tranches de pain de campagne
4 cuil. à soupe d'huile d'olive
2 cuil. à soupe de vinaigre de cidre
4 gousses d'ail pelées et dégermées
Sel, poivre

• Cueillir les pissenlits lorsqu'ils sont encore bien tendres. Les éplucher, les laver et les couper si nécessaire.
• Préparer la vinaigrette en mélangeant l'huile, le vinaigre, le sel et le poivre.
• Faire griller les tranches de pain de campagne sous le gril du four. Lorsqu'il est bien doré, frotter les deux faces avec l'ail et couper les tranches en dés.
• Mélanger les pissenlits avec la vinaigrette et ajouter, au dernier moment, les croûtons de pain grillé.

BEIGNETS DE FEUILLES *de consoude*

• Cueillir des feuilles de taille équivalente. Les mettre par deux, dos à dos, et les aplatir avec la main afin de les souder (les feuilles comportent des petits poils qui s'accrochent à ceux de l'autre feuille).

• Préparer une pâte à beignets un peu épaisse ; pour cela, mélanger 250 g de farine, 1 ou 2 jaunes d'œufs, 1 cuil. d'huile et 1 pincée de sel. Verser de l'eau peu à peu pour donner une bonne épaisseur.

• Passez les feuilles dans ce mélange et les faire frire dans l'huile d'olive.

Ces beignets ont un petit goût de sole. C'est pour cette raison qu'on appelle la consoude « sole végétale ».

***En haut, les feuilles de consoude. Ci-contre, l'ail d'Orient, dont Madame Guillotin se sert pour réaliser les brandades de morue. À droite, un* Jack bee little.**

POMMES D'OR *vertes à la vapeur*

Ces cucurbitacées de la taille d'une petite orange ont une saveur qui rappelle celle de l'artichaut. Elles se mangent vertes ou jaunes.

Prendre des pommes d'or vertes. Les fendre sur le côté aux 2/3 de la hauteur (la coque est très dure). Les cuire à la vapeur puis les ouvrir un peu comme les œufs à la coque, enlever les pépins et manger à la petite cuillère avec un peu de crème fraîche, du sel et du poivre.

***Courgette jaune, concombre, concombres* Lemon *et* Pommes d'or.**

JACK BEE LITTLE *à la poêle*

• Couper les petites courges en dés et les faire sauter tout simplement à la poêle avec du beurre ou de l'huile d'olive suivant vos goûts. Saler, poivrer et parsemer de persil haché.

COURGETTES JAUNES *à l'huile d'olive*

• Laver les courgettes, les couper en rondelles et les faire revenir quelques minutes dans l'huile d'olive. Bien égoutter et servir chaud.

BEIGNETS *de fleurs de sureau*

• Préparer une pâte à beignets.
• Tremper les fleurs de sureau dans cette pâte puis les passer à la friture, jusqu'à ce que les beignets soient dorés. Couper les queues avant de servir.

CORNICHONS

• Gratter les cornichons après les avoir cueillis, les couvrir de sel et les laisser dégorger pendant une nuit. Le lendemain les essuyer et les placer dans le vinaigre que vous aurez préparé à l'avance.
• Le vinaigre. Dans un bocal verser du vinaigre d'alcool blanc, ajouter du poivre noir et du poivre blanc, 1 clou de girofle, 1 branche d'estragon, quelques graines de coriandre, des petits oignons épluchés et 1 piment oiseau.
Vous pouvez ajouter des cornichons au fur et à mesure de votre cueillette.

VIN *de cassis*

• Prendre 1,5 kg de grains de cassis. Les faire macérer 48 h dans 2 l de vin rouge après les avoir légèrement écrasés.
• Passer l'ensemble au moulin à légumes. Peser le jus obtenu et ajouter la même quantité de sucre roux.
• Faire cuire 5 min à tout petit frémissement. Mettre en bouteilles et déguster au bout de 15 jours.

VIN *de noix*

Cette recette se prépare en juillet ou début août, lorsque les noix sont encore tendres.

5 g d'écorce de cannelle
3 g de clou de girofle
3 g d'écorces de quinquina
2 gousses de vanille
2 feuilles de noyer fraîches ou 20 g de feuilles sèches
30 noix fraîches entières
500 g de sucre de canne roux
3 l de vin rouge ou 1,5 l d'eau-de-vie

• Broyer les noix fraîches. Les placer dans un bocal contenant l'eau-de-vie (ou le vin). Ajouter les aromates en coupant les gousses de vanille dans la longueur et laisser macérer pendant 3 mois, en agitant de temps en temps. Filtrer et ajouter le sucre de canne. Laisser vieillir plusieurs mois.

Page de droite, Madame Guillotin s'enquiert avec beaucoup d'affection de la santé de ses « pensionnaires ». Ci-contre, plantes aromatiques et fleurs toujours disponibles.

SAINT-PIERRE-SUR-DIVES
la mémoire gourmande du pays d'Auge

À Saint-Pierre-sur-Dives, au cœur du pays d'Auge, nous sommes accueillis par Christiane Dorléans. Dans le cadre de l'association Montviette Nature créée en 1990, elle établit, entre autres, un inventaire des plantes domestiquées en pays d'Auge complété par une étude ethnographique. Ces études ont pris la forme d'un jardin, grâce à la Ville de Saint-Pierre-sur-Dives qui a ouvert, en 1995, le Jardin conservatoire des fleurs et des légumes du pays d'Auge. Vitrine du passé (450 plantes sont pour l'instant authentifiées comme existant avant 1960 dans le pays d'Auge et la Basse-Normandie), il raconte les légumes et les fleurs cultivés dans cette région, et la mémoire qui s'y rattache. Vitrine vivante, c'est un lieu où s'échangent graines et boutures. Il réveille en chaque visiteur des souvenirs culinaires, qui viendront enrichir le patrimoine.

Au XIXe et au début du XXe siècle, le jardin se mangeait cuit, les Normands étaient très méfiants vis-à-vis de tous les légumes crus.

Les tomates n'étaient pas nommées en pays d'Auge jusqu'en 1930. On disait la « grosse ronde », la « reine des marchés »..., elles n'ont été véritablement accueillies que dans les années 70 dans les jardins ruraux de la région. Au début du siècle, on s'en méfiait à tel point qu'on trouve une mise en garde de la Société d'agriculture de Caen engageant les cultivateurs à désinfecter leurs outils, après avoir taillé les tomates.

En milieu rural, la soupe était consommée à tous les repas quasiment jusqu'à la Seconde Guerre mondiale et était préparée uniquement à partir de légumes verts. Le dimanche, et lors des repas d'inhumation, on servait le « bouilli ». Denise, de Sainte-Marguerite-des-Loges, et Marthe, de Montviette, le décrivent comme un « ... pot-au-feu fait d'une queue de bœuf, de viande maigre, parfois on y ajoute de la mamelle. Le meilleur serait un bouilli fait d'une tête de vache, dont on a ôté les joues. Elles seront grillées à la poêle ou sur le gril. La viande est mise en même temps que l'eau, le sel et le bouquet. Les légumes sont mis à cuire en plusieurs fois : d'abord le chou,

le poireau ou seulement les feuilles vertes, les carottes et le rutabaga. Les pommes de terre se mettent en dernier. Le bouilli se sert en deux plats. Le bouillon est versé sur une tranche de pain recuit. La viande et les légumes sont servis en deuxième plat, avec des cornichons au vinaigre de cidre ».
Ces recettes nous révèlent une époque à laquelle correspondaient économie de denrées et mise en valeur du bon goût du produit.
Des légumes réapparaissent en période de disette. Pour faire face à la pénurie de sucre, on utilisait, pour réaliser des confitures, ces carottes à peau violette, auxquelles on ajoutait un quart de pommes sures et très, très peu de sucre. Le cerfeuil musqué, au goût légèrement anisé, était utilisé comme exhausteur du goût sucré dans les desserts.
Christiane Dorléans aimerait retrouver la recette de la tarte aux cocos, dont une famille de visiteurs garde un souvenir inoubliable. C'était une tarte sucrée. Le haricot cocos contenant beaucoup de sucre, lui aussi, était-il utilisé pour pallier cette carence en véritable sucre ? Elle cherche encore la réponse.

LA GELÉE *de persil*

• Faire bouillir les feuilles de persil dans de l'eau et laisser infuser toute une nuit.
• Le lendemain, filtrer le liquide obtenu, recueillir le jus. Ajouter 750 g de sucre pour 1 l de jus et faire cuire jusqu'à obtention d'une gelée d'une jolie couleur vert-jaune.

LA SAUCE *à la bourrache*

• Piler une dizaine de feuilles tendres, ajouter 1 petite cuil. de sucre en poudre et 3 cuil. à soupe de jus de citron. Arroser avec un peu d'eau bouillante juste pour ramollir la préparation. Cette sauce accompagne très bien le poisson.

LE LOTOT

Le lotot, que certains appellent aussi « laurier-vanille », est une des plantes à parfum que la ménagère utilise pour parfumer les laitages (riz au lait, semoule, teurgoule...). On en coupe 1 à 2 feuilles que l'on rince soigneusement et que l'on fait infuser dans le lait pour lui donner une saveur proche de celle de l'amande amère.

MARMELADE *de potiron*

1,8 kg de chair de potiron pelée et épépinée
3 oranges coupées en fines rondelles
60 cl d'eau
1,8 kg de sucre

• Détailler la chair de potiron en petits cubes et mélanger avec le sucre.
• Dans une autre terrine, mettre les oranges et les couvrir d'eau. Laisser reposer le tout 24 h.
• Mettre les oranges avec leur eau de trempage dans une grande bassine à confiture et porter à ébullition. Ajouter

Les feuilles de lotot.

ensuite le potiron et le sucre, laisser mijoter, jusqu'à ce que le potiron soit bien tendre et que le moment de la prise soit atteint. Mettre en pots, couvrir et boucher.

LA TARTINE *de fraises*

• Découper de belles tranches de pain et y écraser à la fourchette des fraises.
Témoignage de Denise, Grandmesnil.
Cette recette délicieuse se réalisait avec de grosses fraises blanches très parfumées de type gaillon, quasiment introuvables de nos jours.
Mais, vous pouvez l'essayer avec des fraises rouges très parfumées.

Au Bosmelet, *les couleurs éclatent*

Double page précédente, pavots et centaurées dans le carré Ivoire.

Sur la commune d'Auffay, le château de Bosmelet, propriété de la famille depuis 1632, est situé au cœur d'un site de 3 ha. Les plans du parc, établis par Colinet, premier jardinier de Le Nôtre, en 1715, sont toujours en leur possession. Au nord, la double avenue de tilleuls, plantés en 1718 et hauts de 39 m, délimite la cour d'honneur entre le perron et le saut du loup. Dans son prolongement vers le sud, s'étend sur plus de 2 km un immense « tapis vert » intégrant l'orangerie fin XVIe siècle et la chapelle du XVIIIe siècle. En 1990, Robert et Laurence de Bosmelet décident de s'installer définitivement au domaine et de le faire revivre.

Inspirée par les motifs de la façade principale, Laurence crée, au centre de la cour d'honneur, un ensemble d'allées en forme de croix de Saint-André, ponctué de quatre massifs de fleurs et de graminées, reprenant la gamme chromatique du potager attenant.

Passée la superbe grille, le potager, clos d'un mur de briques roses semblables à celles du château, s'étend sur 1 ha. Il a été totalement remodelé par Laurence en 1996. Sur les conseils de Louis Benech, l'allée principale dite allée Déméter, du nom de la statue de la déesse qui la termine, a été plantée de mixed-borders composés de plus de 1 000 plantes vivaces. Le *magnolia soulangeana* et le majestueux

À droite, Robert de Bosmelet. Ci-contre, la rivière de dahlias ne compte pas moins de 98 variétés. En bas, la monumentale grille d'entrée du potager.

Ci-dessous, les haricots d'Espagne.

cognassier veillent sur le bassin circulaire, situé au milieu de l'allée. Celle-ci partage l'espace en deux parties : à droite, le verger, la rivière de dahlias et le potager asiatique, domaine de Robert et, à gauche, le potager « arc-en-ciel », domaine de Laurence.

Il est composé de quatre parcelles, chacune divisée en deux par des allées engazonnées. Les carrés Ivoire et Grenat se répondent, de même que les carrés Ambre et Saphir.

Pour Ivoire et Grenat, on trouve des choux d'ornement blancs ou rouges, des poirées à carde rouge ou blanche, des centaurées blanc pur ou roses, des pavots à fleur de pivoine, des tomates blanches ou rouges. Les radis ronds blancs font face aux radis rouges « Rudi », le basilic citron répond au basilic « Purple Ruffles ».

Ambre est le carré des courges, une trentaine de sortes : *turban d'Aladin,* dont la chair mélangée à celle du potimarron fera le potage et la coque la soupière,

Une féerie de couleurs et de senteurs.

de chou : choux cabus, choux de Milan, choux-fleurs et brocolis à pommes pourpres en liaison avec les artichauts violets de Provence.

Ce jardin a été conçu pour offrir un point d'intérêt en toute saison. Les carrés Ivoire et Grenat sont à leur apogée au printemps et en été, suivent les carrés Ambre et Saphir aux floraisons plus automnales.

Laurence s'attache à retrouver sur la table cette palette de couleurs et de goûts proposés par le potager. L'existence d'un tel joyau n'a pas manqué de susciter l'intérêt de cuisiniers qui, en complicité avec Robert et Laurence, mettent au point des recettes exprimant la richesse des saveurs que l'on peut y trouver.

À gauche, la bourrache. Les fleurs relèveront la salade et les feuilles feront de délicieux beignets.

pâtissons blancs et orange que l'on farcit de viande ou de poisson… mais aussi celui des quatre variétés de capucines qui, avant d'être dégustées en salade ou en beignets, encadrent les haricots, les carottes, les fenouils vert et bronze, choux-fleurs et choux brocolis…

Saphir abrite de nombreuses variétés

SOUPE DE POTIRON À LA CRÈME *et au basilic citron*

PRÉPARATION :
25 min
CUISSON :
30 min

INGRÉDIENTS POUR 6 PERSONNES :
1 kg de courge
3 cuil. à soupe d'huile d'olive
1 échalote épluchée et émincée finement
1 gousse d'ail épluchée et coupée fin
2 l d'eau bouillante
1 cube de bouillon de volaille
Poivre
Basilic citron ciselé
3 cuil. à soupe de crème fraîche épaisse

• Éplucher la courge. Ôter les graines et les fibres, détailler la chair en petits morceaux.
• Faire revenir les dés de courge à l'huile avec l'échalote et l'ail. Ajouter l'eau bouillante, le cube de bouillon, le poivre, du sel si nécessaire. Porter à ébullition et faire cuire doucement 30 min environ.
• Passer ensuite au mixer une première fois. Ajouter la crème fraîche.
• Mixer à nouveau.
• Au moment de servir, ajouter dans la soupière le basilic citron finement ciselé.

Cette soupe peut être accompagnée de croûtons et de gruyère râpé.
Recette de Ludovic Amart, restaurant « La Buissonnière ».

MILLEFEUILLE DE CHOUX CRUS ET CUITS AU CRABE *et crème au vinaigre de cidre*

• Prendre plusieurs variétés de choux tendres, les passer à l'eau légèrement vinaigrée, les rincer et les réserver dans un saladier.
• Laver les variétés les plus fermes, selon le même principe (par exemple « San Michele » « Fielderkraut » ou « Klavero » parmi les choux cabus), les émincer finement puis les faire fondre au beurre avec du sel et du poivre.
• Préparer trois cercles de feuilletage, que vous ferez cuire entre deux plaques, pour éviter qu'ils gonflent trop.
• Faire cuire dans une poêle le crabe mêlé à un œuf battu avec de la crème.
• Monter le millefeuille. Pour cela, coucher une épaisseur de choux cuits, ajouter une plaque de feuilletage, une épaisseur de crabe et répéter l'opération précédente en terminant par une plaque de feuilletage. Passer au four tiède pendant 10 min.
• Pendant ce temps, préparer la sauce. Faire réduire doucement 25 cl de crème avec 3 cuil. à soupe de vinaigre de cidre. Goûter la sauce et rectifier l'assaisonnement.
• Présenter dans une assiette le millefeuille. Disposer les choux crus, émincés si nécessaire, en décor tout autour du millefeuille avec quelques dés de pomme.
• Verser un peu de sauce sur le feuilleté et les choux.

Recette de Thierry Bienvenu, « La marmite de Saint-Saëns » à Saint-Saëns.

Ci-dessous, le millefeuille de choux. À droite, une vue du potager.

Charlotte de chou aux poires
et au caramel de cidre

• Prendre un chou de 1,5 kg à 2 kg. Retirer les feuilles les plus épaisses. Effeuiller une à une jusqu'au cœur. Blanchir les feuilles par petites quantités, les essuyer sur du papier absorbant et les réserver dans un endroit frais.

• Émincer finement le reste du chou et le faire fondre au beurre. Une fois refroidi, incorporer une farce réalisée à base de lapin.

• Éplucher 6 poires, les séparer en deux et les évider. Plonger 3 poires coupées en dés dans une casserole de cidre bouillant. Remonter à ébullition et laisser frémir 20 min. Débarrasser dans un égouttoir et laisser refroidir.

• Pendant ce temps, plonger les 6 demi-poires restantes dans le cidre et laisser cuire 10 min à partir de l'ébullition (les temps de cuisson dépendent de la texture des produits). Les découper en éventail si vous êtes adroit, sinon en lamelles.

• Utiliser alors un moule à charlotte préalablement beurré. Poser dans le fond du moule une demi-poire en éventail recouverte ensuite d'une feuille de chou. Mettre sur le pourtour du moule une demi-poire en éventail recouverte partiellement d'une feuille de chou. Alterner ainsi demi-poires et feuilles de chou sur tout le pourtour du moule pour former le décor extérieur.

• Tapisser alors l'intérieur de ce décor de plusieurs épaisseurs de feuilles de chou, assaisonner et remplir ensuite de farce, puis arroser l'ensemble de cidre.

• Recouvrir d'une crépine et mettre à cuire à four moyen (210 °C, th. 7) pendant 30 min.

• Pendant la cuisson, faire réduire 1/2 bouteille de cidre, arroser de fond de veau. Lorsque la sauce aura réduit des trois quarts, démouler la charlotte sur un plat à rebord et arroser avec la sauce après avoir vérifié l'assaisonnement.

Recette de Thierry Bienvenu,
« La marmite de Saint-Saëns »
à Saint-Saëns.

Bavarois à la sweet dumpling *et aux pommes caramélisées*

Préparation :
30 min
Cuisson :
30 min

Pour 6 personnes :
500 g de courge sweet dumpling
500 g de pommes granny-smith
300 g de sucre semoule
1 noix de beurre
6 feuilles de gélatine
1/2 l de crème fleurette
1 sachet de sucre vanillé

• Éplucher les courges, couper la chair en gros morceaux, ajouter 100 g de sucre, faire cuire doucement au beurre avec un couvercle puis passer au tamis très fin.
• Éplucher et couper les pommes en dés, les faire revenir dans un caramel (sucre et eau). Laisser fondre à feu doux, puis incorporer, à la pulpe de courge, les morceaux de pomme caramélisés. Laisser refroidir.
• Pendant ce temps, monter la crème en chantilly, incorporer le sucre et le sachet de vanille, puis mélanger la chantilly à la pulpe et aux pommes en y ajoutant 2 cuil. de calvados.
• Mouler dans des ramequins et mettre au réfrigérateur quelques heures. Servir frais avec un caramel liquide monté au beurre.
Recette de Ludovic Amart, restaurant « La Buissonnière ».

Filets de sole à la courge spaghetti *et aux tagliatelles*

Préparation :
30 min
Cuisson :
40 min

Pour 6 personnes :
1 kg de courge spaghetti
3 soles de 300 g
100 g de saumon fumé en dés
250 g de tagliatelles
2 échalotes
50 g de beurre
Sel, poivre
10 cl de vin blanc
30 cl de crème fraîche
Ciboulette
Thym

• Faire cuire la courge entière 20 min à l'eau bouillante. La couper en deux, enlever les graines et dégager les filaments à l'aide d'une fourchette.
• Plonger les tagliatelles dans l'eau bouillante salée avec un peu d'huile, laisser cuire 3 min, égoutter et rafraîchir.
• Éplucher et poêler les soles, lever les filets, et les couper en deux.
• Faire revenir les échalotes finement ciselées, ajouter le vin blanc, laisser réduire lentement, incorporer la crème, mélanger les filaments de courge et les tagliatelles, laisser cuire 2-3 min, saler et poivrer.
• Dresser le duo de pâtes dans une assiette, mettre 4 demi-filets de sole en étoile, napper de sauce.
• Parsemer de dés de saumon fumé, de ciboulette et de thym frais.
Recette de Ludovic Amart, restaurant « La Buissonnière ».

Turban turc.

COMPOTE DE COURGES
et châtaignes en turban turc

• Faire fondre au beurre les courges préalablement épluchées et coupées en dés.
• Cuire les châtaignes.
• A mi-cuisson incorporer aux courges le sucre (cassonade) (en fonction du goût des courges) puis écraser les châtaignes cuites.
• Mélanger l'ensemble avec une cuillère de crème. Incorporer une cuillère à café de quatre épices.
• Servir tiède.

Recette de Thierry Bienvenu, « La marmite de Saint-Saëns » à Saint-Saëns.

GÉRARD FARCY,
un jardin de curé

Il connaît tous les jardins de la région et nous en parle avec passion. Gérard Farcy, jardinier de profession, anime avec talent deux émissions consacrées au jardinage sur Radio France Normandie, les samedis et dimanches matin. Il connaît tout des légumes et s'est créé un coin de paradis dans son jardin de curé, à l'ombre de l'église de Déville-lès-Rouen. Au milieu de ses plantations, il vous fait goûter les fleurs de bourrache et vous explique la manière dont il fait un lit des feuilles de cette même plante au pied des plants de tomates afin d'éviter les maladies, puis parle des tomates cerises qu'il plonge dans l'eau glacée avant de les servir. Gérard Farcy enchaîne sur la finesse des premiers petits pois qu'il fait cuire sans sel pour conserver leur goût intact, le parfum du céleri perpétuel dans les potages et les ragoûts, les premiers navets confits servis avec du canard, la marjolaine dans le taboulé, et les fèves, qu'il mange telles quelles avec du pain et du beurre. Et il n'oublie pas de vous parler, aussi, des oiseaux, qui ont adopté son jardin : la mésange bleue, le rouge-gorge, les troglodytes, la charbonnière, les grives et les merles.

À gauche, Gérard Farcy et, ci-dessous, un coin de son jardin.

NAVETS CARAMÉLISÉS ET MAGRET *au sirop d'érable*

• Éplucher les navets, les laver, les garder entiers s'ils sont petits sinon les couper en deux. Dans une cocotte, faire fondre une noix de beurre et y faire revenir les navets avec un peu de sucre, afin de bien les enrober. Laisser cuire doucement en ajoutant un peu d'eau ou de bouillon. En fin de cuisson, laisser l'eau s'évaporer et tourner les navets dans le jus restant afin qu'ils caramélisent.
• Préparer le magret. Le faire cuire à sec côté peau jusqu'à ce qu'elle soit dorée, jeter la graisse rendue et cuire le côté chair. Saler, poivrer, réserver.
• Déglacer la poêle au vinaigre de Xérès, lorsqu'il est presque évaporé, ajouter 3 cuil. de sirop d'érable. Amener à consistance sirupeuse. Arrêter le feu et monter la sauce au beurre salé. Servir le magret découpé en tranches, entouré des navets et arrosé de sauce.

LES POMMES POUR LES TARTES, LES ÉPLUCHURES *pour l'apéro !*

• Laver et éplucher 1 kg de pommes. Garder les pommes pour réaliser une tarte.
• Mettre les épluchures au four 110 °C à 120 °C dans un grand plat avec 250 à 300 g de sucre. Vous pouvez ajouter un peu de gingembre en poudre. Remuer pour éviter de « mainer » (coller entre elles). Lorsque les épluchures sont sèches faire griller à 140 °C (presque caramélisé).
Recette de André Boucher, (M.O.F, chocolatier).

SALADE *de fruits rouges*

• Dans un saladier, mélanger sans les remuer : fraises, framboises, cassis, groseilles, cerises… Étaler sur les fruits du miel d'acacia. Mettre au réfrigérateur 4 à 5 h avant le repas.
• Au moment de servir, verser du champagne bien frais sur les fruits.

À Saint-Jean-de-Frenelles
la pomme dans tous ses états

Entre Lyons-la-Forêt et Les Andelys, le potager de Saint-Jean-de-Frenelles date du début du siècle. Les parcelles sont délimitées par de splendides rosiers et là, entre les delphiniums et les dahlias, se côtoient tous les légumes qui arriveront sur la table de Jacques et Éric Doré. C'est Véronique, la cuisinière, qui nous raconte les petits artichauts qu'elle servira crus avec une vinaigrette, les betteraves râpées, crues elles aussi, ou cuites, en purée avec des pommes de terre, la noisette de beurre qu'elle ajoute dans les confitures et qui leur assure une excellente conservation, les fleurs de capucine qu'elle mélange à la salade, mais aussi le cidre et les pommes, avec lesquels elle réalise, pour de grandes tablées, ses délicieuses recettes aux parfums de terroir.
Les pommes sont omniprésentes, car le domaine de Frenelles est une exploitation cidricole. 26 ha de pommiers jouxtent le potager. C'était autrefois un domaine agricole. Jacques Doré se souvient que, jusqu'en 1936, on y cuisait le pain pour « les gens du pays » et c'est avec Éric, son fils, qu'ils ont décidé de planter, il y a dix ans, les pommiers que Jacqueline, une sympathique jeune femme, taille et soigne avec passion, tous les ans à la même époque.

À gauche, l'allée principale du potager. Ci-dessous, les pommes seront cueillies dans l'après-midi si le temps se maintient au beau.

POTAGE AU CÉLERI *et aux tomates*

1 kg de tomates
1 oignon
Thym
Sel
1 gros bouquet de feuilles de céleri

• Faire fondre l'oignon dans une noix de beurre, jusqu'à ce qu'il devienne translucide. Ajouter les tomates puis les feuilles de céleri, le thym et le sel. Couvrir d'eau et laisser cuire environ 45 min.
• Ôter la branche de thym et passer au moulin à légumes en ajoutant le jus de cuisson. Rectifier l'assaisonnement. Servir avec 1 pot de crème fraîche épaisse.

SOUPE *de poireaux*

Cette recette, où l'on retrouve le goût intact du légume, se réalise uniquement à base de poireaux.

• Prendre une grande quantité de poireaux. Les éplucher pour ôter les feuilles abîmées mais garder les feuilles vertes saines.
• Dans une Cocotte-Minute, faire revenir les poireaux dans un peu de beurre fondu. Couvrir d'eau, saler, et faire cuire 10 min à partir du moment où la soupape chuchote.
• Passer au moulin à légumes, en ajoutant le jus de cuisson.
• Faire réduire si nécessaire. Vérifier l'assaisonnement et servir avec de la crème fraîche épaisse.

Ci-dessus, la maison principale de l'exploitation. En bas, poireaux et salades sagement alignés dans le potager.

SOUPE AU POTIRON *et aux légumes*

5 blancs de poireaux
6 carottes
5 oignons
5 pommes de terre
3 navets
1 gros morceau de potiron
50 g de beurre
Crème fraîche

• Éplucher tous les légumes et les couper en morceaux si nécessaire.
• Faire blondir les oignons dans le beurre, ajouter les poireaux puis tous les ingrédients. Laisser cuire 2 à 3 min puis couvrir d'eau. Lorsque les légumes sont tendres, passer au moulin, en ajoutant le jus de cuisson. Servir avec de la crème fraîche.

GRATIN *de céleri branche*

• Prendre des branches de céleri dont vous aurez coupé les feuilles. Les éplucher afin d'enlever les plus gros filaments. Les couper en tronçons et les faire cuire à la vapeur pendant une vingtaine de minutes.
• Préparer une sauce béchamel dans laquelle vous incorporerez 2 cuil. de crème fraîche ainsi que du comté râpé.
• Beurrer un plat allant au four et le remplir avec les tronçons de céleri bien égouttés. Ajouter la sauce béchamel. Parsemer de fromage râpé et de quelques noisettes de beurre et enfourner à four moyen pour une vingtaine de minutes. Servir chaud.

Dans le potager les cucurbitacées voisinent avec les dahlias de toutes les couleurs. En bas, une vue de la cuisine où Véronique prépare les repas.

BETTERAVES *râpées*

Cette recette a la particularité de se préparer avec des betteraves crues, juteuses et gorgées de vitamines.

POUR 4 PERSONNES :
2 betteraves crues
1 ou 2 échalotes
3 oignons blancs
Citron
Ciboulette
1 cuil. à soupe de moutarde forte
2 cuil. à soupe de vinaigre
6 cuil. à soupe d'huile
Sel, poivre

• Peler les betteraves et les râper au robot comme des carottes. Peler et hacher finement les oignons et les échalotes. Mélanger soigneusement.
• Préparer la vinaigrette. Mettre la moutarde dans un bol, ajouter le vinaigre, le sel, le poivre et monter à l'huile. Verser sur les betteraves, parsemer de ciboulette ciselée.

RÔTI DE PORC AU CIDRE *en habit de chou*

POUR 6 PERSONNES :
1 rôti de porc de 1,5 kg
1 brin de thym
1 feuille de laurier
100 g de beurre
1 gros chou vert
1 bouteille de cidre brut

• Faire mariner votre rôti de porc pendant toute une nuit avec du cidre bouché brut. Ajouter une branche de thym et une feuille de laurier.
• Le lendemain, essuyer votre rôti, le déposer dans une cocotte et le faire revenir de toutes parts dans une noix de beurre.
• Lorsque le rôti est bien doré l'entourer avec des feuilles de chou préalablement blanchies.
• Le déposer dans la cocotte, ajouter un peu de la marinade filtrée. Faire cuire doucement environ 1 h 30 en arrosant régulièrement la viande.
• Lorsqu'elle est cuite retirer la viande du plat et réduire le jus de cuisson. Hors du feu, ajouter au jus réduit quelques parcelles de beurre en fouettant énergiquement afin de lier la sauce.
• Pendant la cuisson du rôti préparer le chou. Le blanchir, le découper en fines lanières et le faire cuire dans 50g de beurre.
• Servir le rôti entouré du chou et la sauce en saucière.

Dans le verger.
À droite, les pommes au cidre.

FILETS DE POISSON *au cidre et à l'oseille*

POUR 4 PERSONNES :
4 filets de poisson : julienne ou cabillaud très épais
1 bouteille de cidre brut
1 kg d'oseille
1 oignon
100 g de beurre
Crème fraîche
Persil

• Placer les filets de poisson dans un plat allant au four. Couvrir tout juste de cidre. Saler et parsemer de noisettes de beurre.
• Enfourner et, à mi-cuisson, ajouter l'oignon coupé en fines lamelles. Lorsque le poisson est cuit, le garder au chaud et faire réduire le jus de cuisson si nécessaire. Ajouter de la crème fraîche. Amener à ébullition et retirer du feu.
• Préparer l'oseille. L'équeuter, la laver très soigneusement dans plusieurs eaux. Faire blondir 50g de beurre dans une cocotte. Ajouter l'oseille, mélanger avec une cuillère en bois et faire fondre à feu assez vif. Saler. Lorsque l'oseille est cuite, ajouter une cuillère de crème fraîche. Servir avec les filets de poisson.

CHOU ROUGE *au beurre*

• Éplucher un chou rouge et le couper en morceaux. Le blanchir à l'eau bouillante salée. Égoutter, faire cuire à nouveau 10 min environ à l'eau bouillante. Couper les morceaux en fines lanières et faire fondre dans une poêle avec un gros morceau de beurre.
Ce chou est un excellent accompagnement pour une pintade rôtie ou un gros gibier comme le sanglier.

POMMES AU CIDRE *et aux épices*

POUR 4 PERSONNES :
4 pommes
300 g de sucre
1/2 l de cidre brut
50 g de beurre
Noix de muscade et cannelle
30 cl d'eau

• Préparer un sirop avec le cidre, l'eau et 200 g de sucre. Faire pocher les pommes épluchées dans ce sirop pendant 15 min.
• Les déposer, ensuite, dans un plat beurré allant au four. Saupoudrer de sucre, de cannelle et d'une pincée de muscade. Parsemer de noisettes de beurre. Laisser cuire 15 min environ jusqu'à ce que les pommes commencent à caraméliser. Servir tiède avec de la crème fraîche ou de la glace à la vanille.

Cidre

Carnet *d'adresses*

1 • Château de Crosville
Crosville-sur-Douve
50360 Picauville
Mme Michèle Lefol
Visite tous les jours de 14 h à 18 h de Pâques à fin septembre. Toute l'année pour les groupes sur réservation. Expositions thématiques, spectacles, soirées normandes.
Tél. 02.33.41.67.25
Fax 02.33.41.67.25

2 • M. Frédéric Marchand

3 • Mme Ratier

4 • Domaine de la Touche
61420 Saint-Denis-sur-Sarthon
Mme Thomine Desmazures
Location de salles pour cérémonies et séminaires.
Tél. 02.33.27.30.23
Fax 02.33.28.62.07

5 • M. et Mme Rémy Deboos

6 • Manoir de Montfarville
50760 Montfarville
Mme Claudette Gabroy
Chambres d'hôtes
Tél. 02.33.23.14.21

7 • Jardins familiaux de Déville-lès-Rouen

8 • Jardins familiaux de Mesnil-Esnard

9 • Château du Champ-de-la-Pierre
61320 Le Champ-de-la-Pierre
M. et Mme d'Andigné
Visite du parc sur rendez-vous pour les groupes.
Tél. 02.33.27.21.70

10 • Château de Saint-Paterne
72610 Saint-Paterne
M. et Mme Charles Henry de Valbray
Hôtel de charme et table d'hôtes. Cours de cuisine.
Tél. 02.33.27.54.71
Fax. 02.33.29.16.71

11 • Jardins familiaux de Caen
Ligue française du coin de terre et du foyer : M. Rolland

12 • Château de Miromesnil
76550 Tourville-sur-Arques
M. et Mme Thierry de Vogüé
Visite du 1er mai au 15 octobre de 14 h à 18 h (sauf mardi).
Tél. et fax 02.35.85.02.80

13 • M. Gérard Mallet
76680 Saint-Saëns

14 • Mme Guillotin

15 • Jardin conservatoire des fleurs et légumes du pays d'Auge
14170 Saint-Pierre-sur-Dives
Christiane Dorléans
Ouverture tous les après-midi (sauf le mardi) de 14 h à 17 h, hors saison. En juillet et août tous les jours (sauf le mardi) de 10 h à 12 h et de 14 h à 18 h.
Tél. 02.31.20.64.19
Les recettes, extraites de « Jardins savoureux en pays d'Auge » édité par l'Association Montviette Nature, sont reprises avec leur aimable autorisation.
Tél. 02.31.20.64.19

16 • Château de Bosmelet
76720 Auffay
M. et Mme Robert de Bosmelet
Visites de mai à octobre de 13 h à 19 h du mercredi au dimanche (fermé les lundis et mardis sauf jours fériés). Visites sur rendez-vous pour les groupes. Location de salles dans le château pour réceptions, séminaires…
Tél. 02.35.32.81.07
Fax 02.35.32.84.62

17 • Gérard Farcy

18 • Domaine de Frenelles
Saint-Jean-de-Frenelles
27150 Boisement
MM. Jacques et Éric Doré
Visites du jardin en saison de 14 h à 18 h ou sur rendez-vous.
Tél. 02.32.54.44.48

INDEX *des recettes*

Au Bosmelet,
la palette de tomates.

Conception graphique
BRIGITTE RACINE

Achevé d'imprimer par Mame Imprimeurs à Tours (37) - n° 00102209.
I.S.B.N. : 2 7373 2526 9 - N° d'éditeur : 3914.03.03.02.02
Dépôt légal : mars 2000.